edition suhrkamp

Redaktion: Günther Busch

Alexander Mitscherlich, geboren am 20. September 1908 in München, war zuletzt Ordinarius der Psychologie und Direktor des Sigmund-Freud-Instituts in Frankfurt am Main. Er starb am 26. Juni 1982. Schriften: *Freiheit und Unfreiheit in der Krankheit* 1946; *Vom Ursprung der Sucht* 1947; *Wissenschaft ohne Menschlichkeit* 1949; *Auf dem Weg zur vaterlosen Gesellschaft* 1963; *Die Unwirtlichkeit unserer Städte* 1965; *Krankheit als Konflikt. Studien zur psychosomatischen Medizin I* 1966; *Die Unfähigkeit zu trauern. Grundlagen kollektiven Verhaltens* 1967; *Die Idee des Friedens und menschliche Aggressivität* 1969; *Versuch, die Welt besser zu bestehen* 1970; *Toleranz – Überprüfung eines Begriffs* 1974.

Wie der erste, im Jahre 1966 erschienene Band der *Studien* handelt auch dieser zweite von den Grundpositionen der zeitgenössischen Medizin. Ein neuer Begriff von Krankheit wird hier erprobt, in der Auseinandersetzung mit den Lehren der konventionellen Wissenschaft – ein Begriff, der an die Erkenntnisse Freuds anknüpft und der den »psychosomatischen Charakter« der »Krankheitskonflikte« in den Mittelpunkt der ärztlichen Beobachtung und der medizinischen Theorie rückt.

Alexander Mitscherlich

Krankheit als Konflikt

Studien zur psychosomatischen Medizin 2

Suhrkamp Verlag

edition suhrkamp 237
Erste Auflage 1967

Satz, in Linotype Garamond. Druck bei Nomos Verlagsgesellschaft, Baden-Baden. Gesamtausstattung Willy Fleckhaus.

7 8 9 10 11 12 – 88 87 86 85 84 83

Studien zur psychosomatischen Medizin 2

Vorwort

An der Schwierigkeit der dargestellten Sachfragen gemessen, verlangt dieser zweite Band psychosomatischer Studien noch mehr als der erste nach wohlwollenden Lesern. Doch es ist fraglich, ob er sie anziehen wird. Der Arzt wird vielleicht enttäuscht sein, weil ihm das Buch nicht pragmatisch genug ist; er muß Übersetzungsarbeit leisten, um die hier entfalteten Gedanken im Umgang mit den Kranken anwenden zu können. Der nicht medizinisch gebildete Leser findet sich wahrscheinlich in manchen der hier angestellten Überlegungen nicht leicht zurecht. Das Wohlwollen beider ist aber unerläßlich, wenn sich im Stil der praktizierten Medizin etwas ändern soll.
Ein Leben unter Ärzten hat den Autor teils in Trauer, teils in Zorn davon überzeugt, daß deren Unkenntnis der Psychologie nahezu vollkommen ist. Diejenigen, die sich Routiniers im Umgang mit ihren Kranken dünken, haben sich meist einige Faustregeln erkoren, mit denen sie ziemlich unterschiedslos wirtschaften. Es muß die an der Leiche beginnende Erziehung des Arztes sein, die das natürliche Problembewußtsein für eine so schwierige zwischenmenschliche Beziehung wie die zwischen Arzt und Kranken ertötet. Die Einstellungen und Vorurteile der ehrwürdigen Institution Heilkunde auch nur um ein weniges zurechtzurücken, ist für den Einzelnen mehr als eine Herkulesaufgabe; jedenfalls ist sie unlösbar. Unter anderem hat auch das Mißverständnis der Leistungen Freuds durch ein dreiviertel Jahrhundert das bewiesen. Anklagen zu äußern ist natürlich sinnlos, aber man möchte sich nicht der Starrheit der Grundannahme beugen, die letztlich auf eine Verfolgung der Krankheit nach dem Modell der Bekämpfung von Erregern hinausläuft.
Der Unwille, der entsteht, wo zur Selbstkritik ärztlichen Verhaltens, zur Reflexion über Macht- und Ohnmachtpositionen aufgefordert wird, wirkt wie ein Schicksal; wer seinem Wirken jahrelang – zur Passivität verurteilt – zuzusehen gezwungen war, wundert sich zum Beispiel kaum noch über das Ausmaß an Fehlinvestition öffentlicher Mittel in »Kuren« und »Heilverfahren«. Längst müssen diese Produktionsstätten für Ge-

sundheit – um das Wort »Sanatorium« zu verdeutlichen – »beschickt« werden wie andere Industrien mit Rohstoffen. Es scheint sich auch niemand daran zu stoßen, daß die vorklinische und klinische Ausbildung die Vorbereitung des Arztes auf seine praktische Tätigkeit erheblich vernachlässigt, etwa im Hinblick auf das Verstehen von Subkulturen seiner Gesellschaft, mit denen er professionell, wenngleich nicht persönlich, in Kontakt steht, und daß man den praktischen Arzt endgültig zuunterst in die Prestigeskala der Profession eingeordnet hat, statt alle Anstrengungen zu unternehmen, die gesamte Heilkunde, einschließlich der Forschung, den Anforderungen *seiner* ärztlichen Bedürfnisse unterzuordnen.

Sicherlich nicht ein Prozent der medizinischen Veröffentlichungen nimmt auf seelische Faktoren im Krankheitsgeschehen Bezug. Von diesem einen Prozent sind es keine zehn Prozent, die eine tatsächliche Kenntnis dieses Gegenstands verraten. Denn nicht jedes beliebige Gerede über die Seele kann, weil es von einem Arzt stammt, aufgerechnet werden. Nachsicht ist da kaum am Platze. Sie wurde im übrigen in wahrer Demutsgebärde Jahrzehnte lang von den ärztlichen Psychotherapeuten ihren Kollegen gegenüber geübt. Das hat weder etwas geändert, noch ihnen Achtung und bessere Arbeitsbedingungen, die sie sich erwarteten, eingetragen.

Also wendet sich der Psychosomatiker an den Kranken oder den, der einer werden könnte; mit anderen Worten: an denkgewohnte Mitmenschen. Vielleicht kann er sie für die Anerkennung der einfachen Prämisse gewinnen, daß Krankheiten etwas mit dem Leben, so wie es geführt und erlebt wird, zu tun haben. Es ist zu hoffen, daß er die gesellschaftsüblichen Vorurteile bei ihnen leichter zur Reflexion bringen kann, da sie nicht die Widerstände einer sorgfältig geplanten Indoktrinierung, welche das medizinische Studium teils gewollt, teils ungewollt mit sich bringt, zu überwinden haben.

Jeder von uns kann krank werden und erwartet dann die für seinen Gesellschaftsausschnitt und die für die Gesamtgesellschaft typische Hilfe. In der unseren ist es so, daß der an Sozialprestige erheblich einbüßt, dessen Krankheit mit seinen persönlichen Konflikten in Zusammenhang gebracht wird. Es legt sich dann eine Aura von Schwächlichkeit, Versagen, mangelndem Willen um ihn: es gilt als deklassierend, Hilfe zu beanspruchen.

Und falls der Kranke solche Zusammenhänge nicht von sich aus kategorisch ablehnt, sobald sie ihm von einem unbefangen beobachtenden Arzt nahegebracht wurden, so findet sich rasch ein anderer, der die Zumutung wieder gutmacht, den Patienten mit Medikamenten ausstattet und zur Kur »verschickt«. Schlägt er diesen Fluchtweg nicht ein und nimmt er die selbstverständliche Tatsache hin, daß seelisch Belastendes auch als körperliche Krankheit sich kundgeben kann, so tut er nach wie vor gut daran, vor seinen Mitmenschen in Deckung zu gehen und sich womöglich inkognito zum Psychotherapeuten zu schleichen, wie dieser sich durch viele Jahrzehnte (mancherorts noch heute) hinter dem Rücken des Klinik-Chefs zur psychoanalytischen Ausbildung schleichen mußte. Es wäre in der Tat irrig, anzunehmen, der Autor spräche nur von der Vergangenheit.
Ob er will oder nicht, der Kranke muß zunächst die Krankheitstheorien seiner Gesellschaft übernehmen, zum Beispiel die Auffassung, daß er all das, was ihm mißliebig an sich selbst ist und was ihn quält, auf dem Erbwege übernommen habe. Wenn er sich von diesen Theorien freimachen will und nach der Psychoanalyse als einer Methode Ausschau hält, die ihm dabei hilft, kann er nicht soviel verlieren wie der Arzt. Vielleicht erreicht er, was man mit einem robusten Wort als »Heilung« bezeichnen kann; ziemlich sicher wird er mehr Wissen über sich selbst und damit eine größere Sicherheit in seiner Welt erwerben können. Seinem Seelenarzt, der sich seinerseits zur Psychoanalyse bekennt, ergeht es freilich keinesfalls so glimpflich. Unter den Kollegen ist er immer noch der Zauberer, der die Tauben aus dem Zylinder holt, und auf jeder Party traut man ihm Röntgenaugen und die unbändige Neigung zur seelischen Vivisektion zu. Das kann nicht ohne Folgen bleiben. Außenseiterpositionen ziehen nicht nur Helden und Dulder, sondern eben auch Außenseiter an. Und da den ärztlichen Stand vor allem psychologische Unkenntnis auszeichnet, erfährt auch der selbstkritische Psychoanalytiker wenig kollegialen Rückhalt – im Gegenteil, meist hat der psychologische Quacksalber für die naiven Gemüter im Lager der Laien und der Ärzte mehr Appeal als der zögernde Fachmann.
Man befragt den Analytiker nicht, wenn die Machtpositionen in der akademischen Medizin verteilt werden – wieso auch, er hat keine Macht. Die Spezialitäten der Medizin organisieren

sich wie geschlossene Gesellschaften; das überdauert jedes Reformprogramm. Und so fragt man den Psychoanalytiker auch nicht, wenn Reformpläne des Medizinstudiums (die sowieso meist Sandkastenstrategie bleiben) entwickelt werden. Es liegt außerhalb der Vorstellung seiner ärztlichen Kollegen, daß er hier Substantielles beizutragen hätte.

Neben Bäderkunde ist jetzt »Seelenkunde« aller Richtungen gelegentlich als Alibi zugelassen. Wahrscheinlich empfinden das die Bosse der 200-, 300-, 400-Betten-Kliniken als Selbstbeschwichtigung und Beweis ihrer Fortschrittlichkeit. Doch keine ins Gewicht fallende Entscheidung in diesen Großbetrieben wird heute unter psychosomatischen Gesichtspunkten getroffen.

Brechen wir die schockierende Darstellung ab. Die Situation ist nicht besser, warum es beschönigen? Die Skizze diente der Entlastung des Zorns, aber auch der ehrlichen Lokalisation, wo psychosomatische Medizin heute steht. In dieser Situation sind die Gedanken des ersten Bandes dieser Studien fortgesetzt worden. Die klinischen Voraussetzungen, unter denen zu arbeiten war, erwiesen sich als überaus bescheiden. Das entschuldigt keine Fehler und keine unklare Stelle im Konzept des Autors. Aber es mag für den Nachfahren, für den Medizinhistoriker nicht uninteressant sein zu wissen, daß sich seit Freuds Tagen grundsätzlich wenig geändert hat. Ein geniales Talent der Beobachtung und der Strukturierung des Beobachteten zur Theorie erschüttert noch lange nicht das Selbstbewußtsein der konventionellen Medizin, schon deshalb nicht, weil sie selbst am Beginn neuer, gewaltiger Entwicklungen steht. Doch es fehlt ihr der Partner. Ihre Jünger ähneln einer Spezies, die keine natürlichen Feinde mehr besitzt, das heißt keine Gegenspieler in der harten Diskussion um die Grundpositionen. Auch unter diesem Aspekt ist es wenig und unvollkommen genug, was der Autor in diesem zweiten Band der Studien zu einer »anderen« Medizin beizutragen hat.

Die vorliegenden zwei Bände der *Studien zur psychosomatischen Medizin,* denen in absehbarer Zeit noch ein dritter Band folgen soll, gehören in den Zusammenhang einer »Kritik der psychosomatischen Konzepte«. Dieses Thema hat das Interesse und die Unterstützung des *Foundations Fund for Research in Psychiatry* gefunden, dem an dieser Stelle für Ermutigung und materielle Hilfe Dank gesagt sei.

I. Der psychologische Zugang zur Krankheit

1. Psychosomatik oder somatopsychischer Einfluß?

Spricht man von einem psychologischen Zugang zur Krankheit, so ist damit der Zugang zu den Sinnzusammenhängen gemeint, in denen Krankheit auftritt. Man kann die Frage auch schärfer stellen: Welchen Sinn verwirklicht eine Krankheit?
Weil dieser Sinn keineswegs offen zutage liegt, wird immer wieder bestritten, daß Sinn-Verstehen wirklich das trifft, was in der Krankheit geschieht. Krankheit, heißt es in solcher Kritik, entstehe aus Mangelerscheinungen, zum Beispiel dem Fehlen lebenswichtiger Nähr- und Wirkstoffe, oder durch das Eindringen von Krankheitserregern, aus angeborenem oder durch die Lebensführung bedingtem Versagen körpereigener Funktionen. Es gebe allenfalls psychologische Reaktionen des Individuums auf Krankheiten, die großen Krankheiten selbst jedoch hätten nichts mit der individuellen Erlebniswelt zu tun. Nach dieser Auffassung läßt sich der psychologische Sinn von Krankheit nur höchst mittelbar, z. B. im frühzeitigen Verschleiß der körperlichen Leistungsfähigkeit durch andauernde Überbeanspruchung, aufdecken – etwa wenn die Überbeanspruchung der Ausdruck von Leistungsehrgeiz und nicht einer unmittelbaren wirtschaftlichen Notlage ist. Als Beispiel dafür wird häufig die »Managerkrankheit« angeboten. Hier ist die Überbeanspruchung deutlich, obwohl sie meist falsch gedeutet wird. Denn es ist nicht die übermäßige Arbeit als solche, die den Infarkt herbeiführt oder den Schlaf stört. Der Bereitwilligkeit, ein Unmaß an Arbeit auf sich zu laden, entspricht eine Omnipotenzphantasie, die in vielen Idolen unserer Gesellschaft genährt wird. Und das unmäßige Verlangen nach Geltung, Genuß, ist seinerseits eine Antwort auf die von erbarmungsloser Konkurrenz geprägte Umwelt: Abwehr von Existenzangst. Doch diese Motivationskette bleibt in der üblichen Streß-Hypothese verdeckt. Die Not und die gesundheitlichen Katastrophen der Überbeanspruchten werden mit der gleichen Selbstverständlichkeit hingenommen wie der Kropf in Gegenden mit jodarmem Wasser.

Dennoch sind Gegenargumente gegen vage Erkrankungstheorien psychologischer Art (oder allzu unreflektiert behauptete Zusammenhänge psychosomatischer Natur) berechtigt. Es gibt Krankheiten, z. B. die epidemischen Seuchen oder die in bestimmten Landstrichen herrschenden Mangelkrankheiten aus einseitiger Ernährung, bei denen es in der Tat nicht sinnvoll ist, nach einem *individuellen* seelischen Konflikt zu forschen. Andererseits müssen wir uns darüber im klaren sein, daß wir durch die Aufklärung der Natur der Krankheitserreger, der Vitaminmängel oder ähnlicher Faktoren, über eine Vielzahl von Krankheiten und deren Entstehungsgeschichte nur unzulänglich unterrichtet werden. Vegetativen Dystonien, aber auch vielen mit eindeutigen organischen Symptomen auftretenden und zur Chronozität neigenden Krankheiten kommen wir nicht bei, indem wir eine körperliche Erscheinung durch eine dahinter liegende zweite erklären. Eine rein pathophysiologische Analyse trägt nichts zur Erhellung jenes dynamischen Prozesses bei, der sich in bestimmten Krankheiten abspielt. Wir verstehen diese Krankheiten nicht.

In der Praxis heißt das, daß wir in einem solchen Fall nur sehr oberflächlich Symptome beeinflussen; die Motivationen der Krankheit dagegen bleiben dunkel. Viele Ärzte und Kranke scheint das nicht zu beunruhigen. Sie nehmen auch ihre Gesellschaft als ein Stück Natur, von der einzelne Einflüsse in Gestalt von Forderungen, Zwängen oder Vorstellungen pathogene Bedeutungen gewinnen können; diese werden in Analogie zu Viren oder anderen Krankheitserregern gesehen. Doch während wir bei den letzteren spezifische Angriffswaffen besitzen, sind die ärztlichen Anweisungen zum Schutz vor den machtvollen Einflüssen, welche die Gesellschaft auf das Verhalten ihrer Glieder ausübt, nicht selten naiv: ein Rat zu einer Sanatoriums- oder Badekur und ähnliches.

Als die Tuberkulose noch eine Krankheit mit hoher Ansteckungschance war, brach die Krankheit oft nicht deshalb aus, weil ein Individuum dem Ansturm von Tuberkelbazillen von außen ausgesetzt war, indem es mit einem offen Tuberkulösen zusammenarbeitete. Vielmehr bewältigte der Körper plötzlich jene Minimalinfektion nicht mehr, die fast alle Mitglieder der Population abgekapselt mit sich herumtrugen. Die Abwehrkraft des Organismus verschob sich plötzlich in ihrem Verhältnis zu den beherbergten Erregern. Die Beschreibung in solchen Fällen lautete, die Immunitätsschranke sei durchlässig geworden. Gewiß, aber was zur Erklärung des Zusammenbruchs der Abwehrkraft herangezogen wird: Überanstrengung, Abkühlung, mangelhafte Ernährungs- und Wohnverhältnisse usw., ist keineswegs ähnlich überzeugend wie die Tatsache, daß eine Tuberkulose sich nicht entwickeln kann, wenn keine Tuberkelbazillen da sind. Sehr viele Tuberkulöse haben die Kriegsgefangenschaft und deren Nöte ausgezeichnet überstanden, sind dort nicht erkrankt, sondern erst zuhause, als es ihnen, nach materiellen Gesichtspunkten beurteilt, sehr viel besser ging. Allerdings sahen sie sich dann neuen Belastungen ausgesetzt, die jedoch auf dem Gebiet des seelischen Erlebens lagen.

2. *Erlebnis – eine leib-seelische Gleichzeitigkeit*

Ist das Gleichgewicht der Abwehrlage etwas, das nur von außen gestört werden kann, durch physischen Streß, oder auch von innen? (Wobei »innen« Erleben, Stimmung, Angst, Verzweiflung, Leidenschaft, Konflikt, Beharren auf der Erfüllung von Träumen, Hoffnungen, kurz das gesamte seelische Leben meint.) Die Gegenthese zur rein materiellen und organischen Erklärung der Krankheitsentstehung würde lauten: Krankheiten mit körperlichen Symptomen treten auf einer Endstrecke an Organen oder Organleistungen auf. Die Beeinflussung dieser Organleistungen kommt jedoch nicht allein aus einer Autonomie biochemischer und biophysikalischer Prozesse zustande; vielmehr unterstehen die Organleistungen der Erlebnisbeeinflussung.

Das Wort »Beeinflussung« trifft den hier gemeinten Sachverhalt nicht genau. Ein Beispiel: Viele Menschen, besonders Kinder, haben in ängstlicher Erregung Durchfall. Es ist nun aber nicht so, daß die Angst, die sie empfinden, eine vermehrte Wasserabsonderung im Dickdarm und eine Beschleunigung der Fortbewegung des Darminhalts bewirkte. Von diesem mechanistischen Vorstellungsmodell muß man sich trennen. Vielmehr ist in unserem Falle Angst eine Erfahrung, die in einem körperlichen allgemeinen Mißbehagen und Erregungszustand erlebt wird, der sich im Durchfall besonders kundgibt. Es gibt auch andere Angstreaktionen, die beispielsweise mit einer plötzlich einsetzenden, unüberwindlichen Müdigkeit einhergehen, oder mit allgemeiner motorischer Unruhe, die zwischen der Tendenz zur Flucht und zum Angriff hin- und herpendeln mag. Was wir mit alledem andeuten wollen, sind *»leibseelische« Gleichzeitigkeiten.* Das Erlebnis eines Gefühlsaffektes, einer Stimmung, ist gleichzeitig in untrennbarer Einheit Körpergeschehen: Erlebnis und Körperleistung sind zwei Aspekte – und zwar für unser bewußtes Erleben – ein- und desselben Erregungsvorganges. Unsere Urteilskraft ist aber begrenzt und in ihrer Richtung festgelegt, so daß wir diesen einen Vorgang nur alternierend in zwei Erscheinungsformen wahrnehmen können; jedenfalls hat sich dieses trennende Denken, das auf körperliche oder seelische Vorgänge bezogen ist, in unserer westlichen Kultur so entwickelt. Es ist zu einem Zwangsmodell der Vorstellungen geworden, von dem wir uns nur schrittweise befreien können. Die Träne, die wir weinen, ist für uns, wenn wir selbst weinen, Trauer, Schmerz. Sie *ist* für uns Trauer und Schmerz. Für den, der einen Weinenden anschaut, ist sie *Ausdruck* der Trauer, bedeutet sie Trauer. Wenn er zugleich weiß, daß der Weinende um sein verstorbenes Kind weint, weiß er, warum jener trauert und weint; er versteht eine Vielheit von Körperleistungen: die Tränensekretion, die mimische Veränderung des Gesichts und der gesamten Körperhaltung.

Niemand zweifelt an der Existenz solcher seelisch-körperlicher Gleichzeitigkeiten; sie sind bekannt, man kann sie reproduzieren und erlernen. Durch identifizierende Teilnahme lernen wir bereitliegende Handlungs- und Geschehenseinheiten in ihrem und durch ihren Vollzug verstehen, und zwar nicht nur angeborene Verlaufsgestalten, wie das Lachen oder Weinen, in denen sich mimisches, sekretorisches und affektives Geschehen eigentümlich verbinden, sondern auch andere, einfachere vegetative Leistungen, wie das Erröten und das Erblassen.

3. Konstitutionelle Varianten

Zwei Schwierigkeiten tauchen nun freilich bei weiterem Nachdenken auf. Die erste: Die Beteiligung von Körperleistung im Moment seelischer Erregung ist von Mensch zu Mensch sehr verschieden. Beispielsweise bringt ein bewußt sorgenvoller Konflikt, wie man sagt, »Kopfzerbrechen«, d. h. Kopfschmerzen mit sich. Das Kopfzerbrechen kann sich jedoch auch in Verlegenheitsunruhe oder in besonders körpervergessener Abwesenheit anzeigen, oder in Schlaflosigkeit. Andere Menschen haben in solcher Situation ihre Migräne, ihre Magenkrise, ihren Gallenschmerz. Soweit wir bisher gesehen haben, handelt es sich hierbei nicht nur um Punkte geringeren Widerstandes, als ob das Gefäß-System oder der Magen bei diesem oder jenem aus Schwäche gegenüber der Erregung zu versagen begänne. Derlei Funktionsbereitschaften (etwa eine hohe Sekretionsrate des Magens, Neigung zu Schweißbildung, Zirkulationsstörungen in Händen und Füßen etc.) spielen häufig als Konstitutionsmitgift eine Rolle in einem insgesamt sehr komplexen Geschehen.

In vielen Fällen ist es wichtig, nach weiteren Zusammenhängen beim Zustandekommen eines störenden Körpersymptoms zu suchen. Im Selbsterleben herrschen meist Gestimmtheiten vor, »gute Laune«, Arbeitslust, Niedergeschlagenheit usw. Sie können stabil oder schwankend sein, in jedem Fall sind sie Teil eines psychischen Gesamtgeschehens, das nur bruchstückhaft bewußt erfahren wird. Ein Triebimpuls, der sich als innere Erfahrung, etwa in einem Affekt, dem Erleben repräsentiert, möchte zum Zug kommen. Wenn er intensiv genug ist, stimmt er uns ein, übernimmt er die Themengestaltung unseres Verhaltens. Doch diese vorherrschende Motivation bleibt auf eine Vielfalt, ein Gewebe von seelischen Vorgängen bezogen, die als Ganzes in einer dauernden biologischen Eigenunruhe sich befinden. Es müssen also nicht nur variable Außen-, sondern auch ebensolche Innenreize beantwortet, »integriert« werden.

Wir wissen heute zwischen primärer und sekundärer Zuckerkrankheit zu unterscheiden, wobei die erstere an einen multifaktoriellen Erbgang gebunden ist. Es geht nicht um einen absoluten Insulinmangel, sondern um Verschiebungen innersekretorischer Leistungsgleichgewichte zwischen Insulin produzierenden und Insulin abbauenden Systemen zugunsten der letzteren. Seit Banting und Bests Entdeckung des Insulins (1921) hat es viele Forscher viel Mühe gekostet, in diese pathophysiologischen Prozesse einzudringen. Was letztlich zur relativen Insulininsuffizienz, zum Zusammenbruch des Gleichgewichtssystems führt, ist immer noch unbekannt. Sind es ausschließlich, gleichsam hereditär vorprogrammierte Leistungskurven oder spielen auch autonom sich konstellierende psychische Einstimmungen (Verarbeitung von traumatisch wirksamen Erlebnissen) eine mitbestimmende Rolle? Um diese Frage beantworten zu können, müßte man bei Reihenuntersuchungen, wie sie unlängst zur Feststellung der Gesamtmorbidität bei Zuckerkrankheiten in der Bundesrepublik durchgeführt wurden, auch nach einer möglicherweise relevanten psychopathologischen Entwicklung fahnden. Nichts davon ist bisher geschehen.[1] So bleiben denn Pathophysiologie und Erblehre weiterhin unverbunden mit den Konzepten psychosomatischer Pathogenese.

4. *Schwierige Verständigung – simple Experimente*

Zum Teil dürfte die mangelhafte Aufmerksamkeit der erfolgssaturierten konventionellen Medizin für mitbestimmende psychische Faktoren darin begründet sein, daß die auf biochemische Untersuchungsmethoden spezialisierten Internisten gänzlich ununterrichtet sind über die Fortschritte der Psychologie. Zwar erwartet man, daß der psychologisch forschende Arzt die Literatur etwa der inneren Medizin verfolgt, aber das Umgekehrte soll nicht gelten. Die meisten Verständigungsversuche – auch wenn sie von wohlwollenden Internisten oder Psychiatern ausgehen – sind wegen der nahezu absoluten Unerfahrenheit des herkömmlich ausgebildeten Arztes in psychologischen, psychosomatischen und psychosozialen Fragen zum Scheitern verurteilt.
Trotz der häufigen Verwendung des Wortes »Psychosomatik« hat sich in den letzten zwanzig oder dreißig Jahren an dieser Misere kaum etwas geändert. Meist werden als psychosomatische Forschung Meßergebnisse in experimenteller psychischer »Streß«-Situation angeboten. Die Psychologie derartiger Untersuchungen ist meistens von geradezu archaischer Primitivität. Ein Beispiel: Zwei Gruppen von Versuchspersonen wird jeweils ein Film vorgeführt; einmal eine medizinische Operation, zum andern der Bericht über das Leben auf einer Farm. Dabei wer-

1 Vgl. E. S. Pfeiffer, G. Jörgensen in dem Sonderheft *Diabetes*, in: *Dt. med. Journal* Nr. 17, 1966, S. 601.

den jeweils die Pulsfrequenz und Veränderungen in der elektrischen Leitfähigkeit der Haut der Probanden gemessen und miteinander verglichen.[2]
Daß mit solchen Untersuchungsmethoden die Grundlage unseres psychosomatischen Wissens nicht wesentlich erweitert werden kann, scheint klar, denn der Untersuchungsgegenstand – das Verhalten des Individuums in Konflikten, sei es mit der Umwelt, sei es im innerseelisch erlebten Widerstreit – setzt die *Anerkennung der Komplexität, nicht die willkürliche Reduktion dieser verwickelten Zustände* voraus.
Die psychosomatische Medizin ist in ihren Versuchen, den psychologischen Zugang zur Krankheit zu verbreitern, zweifach behindert: die Partner des Psychosomatikers verweilen bezüglich einer dynamisch, genetisch, strukturell orientierten Psychologie im Vorfeld des Wissens; infolgedessen kommt es nur ausnahmsweise zu Untersuchungen, die differenzierte psychologische mit differenzierten physiologischen Modellvorstellungen verknüpfen. Nehmen wir an, »Angst« spiele in der Entwicklung des Diabetes eine beachtenswerte Rolle. Der im Alltagsgebrauch verwendete Begriff »Angst« besagt für die psychosomatische Forschung nur wenig. Welche spezifische Konstellation erweckt eine jeweils vorliegende Angst? Die Angst vor dem Versagen in einer Liebesbeziehung kann den Charakter einer Verlustangst haben. Sie unterscheidet sich jedoch inhaltlich sehr von der Strafangst nach einem vorangegangenen Verstoß oder von der Angst, sich lächerlich zu machen. Es ist daher wahrscheinlich, daß auch die leib-seelischen Erregungsgestalten solcher Ängste sich deutlich voneinander unterscheiden.
Um ein von uns beobachtetes und als krankhaft verstandenes Körpersymptom verstehen, also auf einen Sinnzusammenhang beziehen zu können, müssen wir die inneren Erlebnisse der betreffenden Person, ihre affekterregenden, konfliktschaffenden Probleme kennen. Wenn wir bei einer Lüge ertappt werden oder bei einem Blick durchs Schlüsselloch, erröten wir schamvoll. Scham *ist* auch Erröten, das physische Moment dieser Erregung. Wenn aber jemand in Gesellschaft, bei jeder harmlosen

2 Dieses willkürlich herausgegriffene Beispiel bezieht sich auf eine Untersuchung von E. J. Malmstrom, E. Opton, R. S. Lazarus, *Psychosomatic Medicine* Nr. XXVII, 1965, S. 546.

Redewendung, oder schon bei einem Gang durch ein Restaurant errötet, oder es gar aus Angst vor dem Erröten zu solchen Situationen möglichst gar nicht kommen läßt, müssen wir uns fragen, woher diese Empfindlichkeit rührt. Die normalen Erlebnishorizonte, in denen wir uns bewegen, lassen uns ein solches krankhaftes Erröten oder eine solche Angst vor dem Erröten nicht verstehen. Wenn wir den betreffenden Kranken fragen, was ihn so reagieren läßt, kann er uns keine Antwort geben. Das Geschehen geschieht. Er kann es nicht beherrschen, es ist ihm selber fremd.

Eine Patientin berichtet, sie habe schon immer demonstrieren können, wie Schweiß an ihren Handflächen austritt. Sie hält die Hand vor sich hin, schaut konzentriert auf sie, und alsbald bilden sich Schweißperlen an den Fingern und im Handteller. Sie hat also einen beeinflussenden Zugang zu einer Körperleistung. Bei der Patientin geschieht auf Befehl oder auf eine Konzentration hin, was üblicherweise in einer besonders unangenehmen Lage wie von selbst geschieht. Jetzt kommt diese Kranke zum Arzt, weil ungerufen immer dann Handschweiß sich einstellt, wenn sie gezwungen ist, unter anderen Menschen zu sein und also die Gefahr besteht, daß sie jemandem die Hand geben muß. Sie kann dieses Symptom nicht durch Gegenbeeinflussung abstellen. Das, was sie vorher willkürlich hervorrufen konnte, hat sich verfremdet, es geschieht ungerufen und vor allem ohne ersichtlichen Zusammenhang mit der jeweiligen Situation. Vielmehr scheint es von einer Situation abzulenken, die als noch peinigender als der Handschweiß vorweg gefürchtet wird. Doch gerade diese Situation ist nicht vom Bewußtsein aus zugänglich.

5. *Das Symptom ist autonom*

Das bringt uns zu der zweiten, wohl zentralen Schwierigkeit des Verstehens körperlicher Vorgänge. Mit den Inhalten, die unserem Bewußtsein mittelbar und unmittelbar zugänglich sind, können wir derartiges Krankheitsgeschehen nicht in Einklang bringen. Weder wir als Betrachter noch der Betroffene. Er fühlt sich wirklich betroffen, es stößt ihm zu, er ist wehr- und ratlos. Unsere These nun ist, daß wir es hier mit unbekannten inneren Erregungszuständen und dem sie verwirklichenden seelisch-leiblichen Simultangeschehen zu tun haben. Der Konflikt selbst liegt nicht offen zutage, weil er mit dem Kodex der Gesellschaft und mit dem Gewissen zusammenhängt. So werden die Erregung und der Triebanspruch, den sie anzeigt, aus dem Bewußtsein verdrängt, was nicht bedeutet, daß beide deshalb erlöschen. Lange klinische Beobachtungen haben uns vielmehr gelehrt, daß das körperliche Moment der Erregung im Symptom ins Bewußtsein zurückkehrt; freilich auf eine entstellte, verschlüsselte Weise.

Gerade die Annahme jedoch, daß wir hier unbekannten, also zwischenmenschlich nicht sofort verstehbaren Zusammenhängen gegenüberstünden, scheint dem unvorbereiteten Betrachter gekünstelt. Hier setzt seine Kritik an. Hier ist er nicht überzeugt. Da er selbst nicht gelernt hat, auf unbewußt sich vollziehende Tendenzen in seinem Verhalten zu reflektieren, nimmt er deren Ausdruck auch nicht an anderen wahr.[3] Kann er in einem Gespräch keinen Konflikt entdecken – eben weil der Betroffene diesen Konflikt selbst nicht kennt – schließt er, es bestehe hier kein Konflikt, sondern es geschähe »objektiv«, rein körperlich etwas, z. B. ein Asthma-Anfall. Die eigene Selbstverborgenheit, d. h. die Abwehr unbewußter Konflikte, wird zu einem entscheidenden Hemmnis im Verständnis gleicher Dynamik bei einem anderen.

Es ist jetzt an der Zeit zuzugeben, daß es uns häufig, trotz großen Bemühungen, nicht gelingt, einen verstehenden Zugang zu

3 Das Ich kann nur so lange verdrängen, überhaupt konfliktträchtige Inhalte abwehren, als das allgemeine Bewußtsein einer Gesellschaft diese Selbstverteidigung deckt. Die bizarren Lähmungen und Gehstörungen der Konversionshysterischen, die im Ausgang des vorigen Jahrhunderts die Spekulation der Ärzte anregten, sind selten geworden, seit sich die Kenntnis dieser auffälligen Symptomatologie verbreitet hat. Die hysterische Lähmung ist im allgemeinen, wenn sie einmal diagnostiziert ist, keine Krankheit mehr, welche Prestige verleiht, das Prestige »Krankheit«. Ist man als Hysteriker diagnostiziert, verliert man in unserer Gesellschaft an Ansehen. Entsprechend unauffälliger gestalten sich die Konversionssymptome; sie verwandeln sich in Kreislaufstörungen, Schlaflosigkeit u. ä. Woraus zu schließen ist, daß der unbewußte Ich-Anteil, von dem die Verdrängung ausgeht, auch an der Symptombildung mitwirkt. Nur »unverdächtige« Krankheitszeichen dürfen den abgewehrten Wunsch, ersatzweise, partiell vertreten und ebenso unvollständig erfüllen. Die wichtigste Einsicht ist aber, daß die Symptombildung in Rücksicht auf den Bewußtseinszustand der Gesellschaft, in welcher der Kranke lebt, geschieht; sie ist ein *historisches* Gebilde.

oft sehr quälenden Symptomen zu gewinnen. Das liegt daran, daß wir den Kranken nicht zur Selbstbeobachtung bewegen, gar zwingen können. Er vermag deshalb den Umkreis seiner bewußten Wahrnehmungen nicht erfolgreich zu erweitern und wird nicht auf verborgene, in ihm wirkende Affekte aufmerksam. Ihre körperliche Äußerung wird nach wie vor als fremd und »sinnlos« erfahren; etwa die Angst, die einen kranken Menschen überfällt, wenn er in Gegenwart Dritter essen soll, oder ein Asthma-Anfall, der immer dann wiederkehrt, wenn der Ehemann mit seiner Frau allein ist.

Diese Fälle einer mißlungenen Aufhellung sprechen nicht gegen die Theorie insgesamt; sie signalisieren nur bestimmte Verteilungen der Machtpotenzen im »psychischen Apparat« der dem Ich verfügbaren Selbsteinsicht. Wo die Aufhellung gelingt, ist sie ein wesentliches Mittel der Therapie; umgekehrt wirkt die Therapie darauf hin, die Selbsteinsicht zu erweitern. Denn das bewußte Verarbeiten eines Affektes (und des ihm zugrunde liegenden Triebimpulses), der Konflikte schafft, ist die Voraussetzung für seine angemessene und realitätsgerechte Überwindung.

6. *Unbewußte Gleichzeitigkeit*

Um das Phänomen solcher Selbstverborgenheit zu verstehen, müssen wir eine weitere Tatsache bedenken. Die bewußten seelischen Prozesse sind nur ein Teil jener Lebensvorgänge, die wir als seelische bezeichnen. Daß seelisches Geschehen bewußt wird, ist eher die Ausnahme als die Regel. Unser Bewußtsein ist als Organisationsprinzip zweifellos nicht für den gesamten seelischen Bereich richtunggebend. Unbewußte seelische Prozesse, etwa affektive Erregungen, haben aber – ebenso wie bewußte – Gleichzeitigkeitsentsprechungen in den körperlichen Leistungen. Mehr noch: alle Gleichzeitigkeit des Körperlichen und des Seelischen ist unwillkürlich und unbewußt.

Symptome, die auf einer Leistungsstörung beruhen (es ist hier zunächst nicht an eine angeborene gedacht), können sich in psychosomatischer Betrachtung als Abkömmlinge eines leibseelischen Erregungsvorganges erweisen, dessen Repräsentanz im Bewußtsein verlorengegangen ist, so daß nur noch ein

Fragment des gesamten Erregungsvorganges dem Bewußtsein zugänglich bleibt, nämlich dieses Symptom, dieses körperliche Fehlverhalten. Es hat nun den Charakter von etwas Fremdem angenommen. Da der betreffende Kranke selbst den Affekt, dessen körperliche Erregungsvorgänge er wahrnimmt, nicht kennt, scheint ihm der aus dem Gesamtzusammenhang gerissene Teil davon »sinnlos«, unverständlich; er schließt, es müsse sich um eine organische Störung handeln. Wenn sich in diesem Punkte das Wissen des Arztes und die Fähigkeit bzw. Unfähigkeit zur Selbstwahrnehmung beim Kranken decken, wird der Arzt nicht weiterhelfen können.
Nun ist die Lehre von der spezifischen psychosomatischen Verbindung von Affekt (und dem Sinnzusammenhang, aus dem er erwächst) und simultaner körperlicher Veränderung keine bloße Hypothese, sie gründet vielmehr in den Erfahrungen der psychoanalytischen Therapie, die sich um die schrittweise Erhellung unbewußter seelischer Prozesse bemüht. Ihre Aufgabe wäre leichter – auch leichter für den Außenstehenden nachzuvollziehen –, wenn der Ausweitung unseres Bewußtseins nicht ein intensiver Widerstand in uns allen entgegenstünde. Es sieht so aus, als ob das Bewußtsein, auf dessen Leistungen die Spielregeln menschlichen Zusammenlebens, die Einrichtungen und Forderungen unserer Kultur beruhen, als ob dieses kontrollierende Bewußtsein als der größte Störenfried für die unbewußten Regulationsvorgänge empfunden würde. Die gesamte Natur außerhalb des Menschen reguliert sich ohne ein solches Bewußtsein, das immer gegen gewaltige Organisationsformen des Lebendigen anzukämpfen hat. An vielen Schauplätzen erliegt es mit seinen Strebungen dieser Übermacht. Der Konflikt zwischen unbewußten und bewußt sozial geforderten Strebungen spitzt die Lage nochmals zu. Es werden unentwegt Impulse wahrgenommen, Affekte verspürt, die nach der natürlichen, unbewußten Organisationsform des Lebens Befriedigung verlangen; sie stoßen an die Grenzen und Verbote der sozialen und kulturellen Welt.

7. *Abwehrmechanismen des Ich. Der Kampf gegen das Trauma*

In dieser Grenzbegegnung vollzieht sich nun etwas, das man psychologisch vor den Entdeckungen Sigmund Freuds nicht gekannt hat. Es zeigt sich nämlich, daß dieses Bewußtsein – als Teil unserer Ich-Organisation – seine Grenzen zu wahren versteht, indem es Inhalte, die Konflikte heraufbeschwörten, entweder an der Grenze zurückhalten oder, wenn sie bereits eingedrungen sind, wieder aus dem bewußten Bereich ausstoßen kann. Es vermag sowohl zu zensieren, was herein darf, als auch zu »verdrängen«, das heißt Inhalte, die als störend erlebt werden, aus dem Bewußtsein wieder auszuschalten. Mit diesen psychologischen »Abwehrmechanismen« kann das Ich seinen bewußten Erfahrungs- und Handlungsanteil mehr oder weniger erfolgreich gegen die große Übermacht der unbewußten Regulationsprinzipien absichern. Der psychische Vorgang ist mit der Abwehrarbeit freilich nicht abgeschlossen.

Wir können unsere bewußten Strebungen nur zu einem Teil mit den unbewußten in Einklang bringen. Das ist normal, keineswegs pathologisch. Die Pathologie läßt sich im übrigen nur schwer an einer Norm bestimmen. Es geht hier um eine Norm für Interaktionen. Die Toleranzgrenzen des Individuums und seiner Gegenspieler passen sich einander an. Ihre Erwartungen setzen eine gewisse »Normalität« voraus. Wir wissen, daß diese Vorstellungen sehr an die Subjektivität geknüpft bleiben. Je besser es dem Einzelnen gelingt, die Dynamik des aus dem Unbewußten wirkenden Triebbereichs mit den Zielvorstellungen des Ich zu versöhnen, als desto breiter erweist sich seine Aktivitäts- und Leistungsspanne, desto sicherer wird seine Persönlichkeit aus dem Ich-Bereich gesteuert, und desto ruhiger reagiert dieses Ich auf neu auftauchende Reize und Bedrohungen in seinem Handlungsfeld.

Ist diese Organisationsform des Bewußtseins, der bewußte Ich-Bereich, in seinen Abwehr- und Integrationskräften schwach, so ist das Ich häufig genötigt, von zwei Erfolg versprechenden Methoden der Abwehr Gebrauch zu machen; es wird Inhalte verdrängen, und es wird die Grenzen stärker besetzen, d. h. die Zensur verschärfen, so daß das Verdrängte nicht zurückkehren kann. Doch überall dort, wo ein Abwehrmechanismus, wie der der Verdrängung, im Übermaß gebraucht wird, ist der

Friede, der mit seiner Hilfe hergestellt werden soll, problematisch. Freud hat diese Abwehr- und Rückkehrbewegungen genau beschrieben: »Das Symptom stammt vom Verdrängten ab, ist gleichsam der Vertreter desselben vor dem Ich, das Verdrängte ist aber für das Ich Ausland, inneres Ausland, so, wie die Realität – gestatten Sie den ungewohnten Ausdruck – äußeres Ausland ist. Vom Symptom her führte der Weg zum Unbewußten, zum Triebleben, zur Sexualität, und das war die Zeit, da die Psychoanalyse die geistvollen Einwendungen zu hören bekam, der Mensch sei nicht bloß ein Sexualwesen, er kenne auch edlere und höhere Regungen. Man hätte hinzusetzen können, gehoben durch das Bewußtsein dieser höheren Regungen, nehme er sich öfters das Recht heraus, Unsinn zu denken und Tatsachen zu vernachlässigen.«[4]
Die Symptome, von denen in diesen Sätzen die Rede ist, sind psychoneurotische – die Symptome der Hysterie, des Zwanges, der Phobie. Die Symptome dagegen, welche die psychosomatische Medizin im Auge hat, sind Organkrankheiten, seien es funktionelle Störungen der Organleistung, sei es die krankhafte Veränderung am Substrat. Es wird kaum noch bestritten, daß psychoneurotische Symptome von großer Ich-Fremdheit aus mißlungener Bewältigung seelischer Erregungen herrühren. Daß das gleiche auch auf Krankheiten mit nachweislicher Organbeteiligung zutreffen kann, überzeugt offenbar viel weniger, ist viel seltener Gegenstand psychologischer Forschung als beispielsweise die Schizophrenie.

8. *Eine psychosomatische Arbeitshypothese*

Unsere Hypothese besagt, daß Triebspannungen, die nach dem Verdrängungsvorgang außerhalb des bewußten Erlebens fortdauern, im einen Fall die psychoneurotische Symptomatologie, im anderen Fall eine autoplastische Veränderung von Organleistungen oder Zellstrukturen nach sich ziehen können. In unserem bewußten Erleben nimmt ein Affekt für eine Weile eine mehr oder weniger beherrschende Stellung ein und klingt dann ab. Ein Affekt im Unbewußten findet nicht das gesuchte

4 *Neue Folge der Vorlesungen zur Einführung in die Psychoanalyse*, in: *Gesammelte Werke* Bd. XV, S. 62.

Objekt und darum auch nicht die gesuchte Entspannung; deshalb klingt er nicht ab, er wird zu einem Dauerinhalt, zu einer Dauerbelastung, so daß auch die Abwehrhaltung ihm gegenüber eine lange Zeitspanne hindurch aufrechterhalten werden muß.

Unsere Hypothese besagt weiter, daß die unbewußt andauernden Affekte genauso eine körperliche Entsprechung haben wie bewußt erlebte, wie die Tränen, die zur bewußten Trauer gehören. Der verdrängte Affekt muß seinen körperlichen Aspekt jedoch unter modifizierten Bedingungen – eben der Verweigerung des bewußten Erlebens und dem daraus folgenden Verhalten – zur Geltung bringen. Wenn wir uns den »seelischen Apparat« nach regeltechnischen Gesichtspunkten arbeitend vorstellen, so wird uns klar, daß das Ausschalten der bewußten Realitätskontrolle für den intrapsychischen Verlauf einer Erregung starke Veränderungen in den »feed-back«-Mechanismen zur Folge hat. Dementsprechend wandeln sich dann die somatischen Korrelate dieser modifizierten Erregung ins Pathologische.

Hiermit wäre das Modell skizziert, das uns einen psychologischen Zugang zur körperlichen Krankheit schrittweise eröffnen könnte. Fassen wir zusammen: die Ausdruckssprache unseres Körpers enthält nicht nur bekanntes Vokabular, etwa Trauer – Träne, Scham – Erröten usw., sondern auch unbekanntes, ungeläufiges, das sich bisweilen wie Wort-Neubildungen ausnimmt. Abstrakt gesprochen: es gilt, zu den körperlichen Erregungsformen des Symptoms nicht die mechanisch wirkenden, ihrerseits körperlichen Vorbedingungen aufzufinden, sondern die seelisch-leibliche Gesamtgestalt einer Erregung, die in sich objekt- und ichbezogen, d. h. sinnvoll ist.

Forschung, die derart chiffrierte und sich fragmentarisch kundgebende Erregungsvorgänge zu entziffern sucht, ist psychosomatische Medizin im genauen Verstand des Wortes. Sie ist auf dem Weg zu einem spezifischen Verständnis der Pathogenese, wie vor ihr die Bakteriologie zu einer spezifischen Pathologie der einzelnen Erreger. Freilich darf man die Ähnlichkeit dieser Spezifitätsmodelle nicht überbeanspruchen, denn die psychosomatische Medizin hat es immer auch, obschon nicht ausschließlich, mit *Symbolen* zu tun, mit der Fähigkeit des Menschen, Körpergeschehen im Zusammenhang einer Mitteilung, als »Sprache«, zu benutzen und zu dechiffrieren. Von solcher Spezifität kann in der Naturwissenschaft außerhalb der menschlichen Natur keine Rede sein.

9. Der Kampf gegen das Symptom

Ein bewußter Affekt kommt zur Entspannung, indem er sich auf ein Objekt draußen in der Welt richtet; Ich und Objekt erleben sich sinnvoll miteinander im Kontakt. Affekte, die aus dem Bewußtsein verdrängt sind, werden daran gehindert, sich mit ihrem Objekt zu verknüpfen; sie bleiben im Zustand des Verdrängtseins als Dauererregung bestehen und können sich nun nicht mehr in einer ihnen angestammten affektiven Gesamtgestalt und auf einen Partner bezogen äußern. Das heißt, der Affekt verläuft im Inneren des Organismus, »autoplastisch«. Bewußt erlebt wird allein das deformierte Affektkorrelat – das Symptom. Als Äußerungsform ist es nicht mehr »normal« und deswegen auch nicht selbstverständlich als Mitteilung zu verstehen. Die Erregungsfragmente sollen hier gerade nicht an die ursprüngliche (traumatisch erlebte) Situation erinnern; so nehmen sie, als Krankheitssymptome, einen eigenen Verlaufscharakter an – die Erregungskurve des Affektes zum Beispiel wird durch die Erregungskurve eines »Anfalles«, etwa des Asthmaanfalles, ersetzt.[5] Und weil zu dem, was wie die »spontane« Auslösung eines Asthmaanfalles aussieht, eine im Unbewußten aktivierte traumatische Reminiszenz gehört, die einen Angstaffekt erregt, setzt der Abwehrmechanismus ein; er bemächtigt sich des beunruhigenden Inhaltes und entzieht ihm die Qualität, bewußt zu sein. Dadurch wird zwar nicht der Affekt unterdrückt, wohl aber die volle Wiederkehr des traumatischen Erlebnisses verhindert, von dem die Phantasie Kunde geben wollte und das auch in der Erinnerung nichts von seiner ursprünglichen, erschreckenden Qualität verloren zu haben scheint.

Der Erfolg des Verdrängungsvorganges besteht demnach darin, daß das nicht bremsbare *somatische* Erregungsmoment des Affektes eben die pathologische Funktionsform des Anfalles

5 Vgl. Clemens de Boor: *Zur Psychosomatik der Allergie, insbesondere des Asthma bronchiale.* Stuttgart 1965.

von Atemnot annimmt, während die erregende Phantasie selber dem Ich erspart bleibt. (Die Wiederbegegnung mit der urtümlichen Phantasie würde Panik- und Todesangst auslösen, vor der das Ich sich mit aller Kraft zu schützen sucht.) Die Erregung spielt sich in einem psychischen Gesamtmilieu ab, in dem sie, da die Zugänge zum Bewußtsein versperrt sind, pathologische Auswirkungen haben muß. Diese werden durch Faktoren wie die Selbstinduktion des angsterweckenden Erlebnisses der Atemnot verstärkt.

Für psychische Abwehrvorgänge[6], von denen wir die Verdrängung hervorgehoben haben, sind demnach zwei Merkmale besonders charakteristisch. Erstens: der Affekt oder die triebgespeiste Strebung findet, weil sie das Objekt in der Außenwelt verloren hat, keinen Haltepunkt, an dem sie sich entspannen könnte. Zweitens: der Organismus hat deshalb eine *chronische* Erregungsaufgabe zu bewältigen, die eine Dauerbelastung schafft und schließlich, wegen der gestörten psychosomatischen Korrelation, in der einen oder anderen Weise (im psychoneurotischen oder im psychosomatischen Symptom) zu einer Entgleisung bestimmter Funktionen führt. Das bedeutet, daß das Symptom nur eine *Notlösung*, eine Teillösung im Versuch der Entspannung darstellt.

Den Kompromißcharakter des psychoneurotischen Symptoms hat Freud frühzeitig erkannt. In einer Fußnote der *Traumdeutung* heißt es: »Ein Anteil des Symptomes entspricht der unbewußten Wunscherfüllung, ein anderer der Reaktionsbildung gegen dieselbe.«[7] Der Vergleich, den das Symptom herbeizuführen versucht, bleibt jedoch gefährdet: »Es kommt zwar vor, daß der Abwehrkampf gegen die unliebsame Triebregung, durch die Symptombildung abgeschlossen wird; soweit wir sehen, ist das am ehesten bei der hysterischen Konversion möglich, aber in der Regel ist der Verlauf ein anderer: nach dem ersten Akt der Verdrängung folgt ein langwieriges oder nie zu beendendes Nachspiel, der Kampf gegen die Triebregung findet seine Fortsetzung in dem Kampf gegen das Symptom.«[8]

6 Vgl. Anna Freud: *Das Ich und die Abwehrmechanismen.* London 1946, dtsch. München 1964.

7 Sigmund Freud: *Gesammelte Werke,* Bd. II/III, S. 574.

8 Sigmund Freud: *Hemmung, Symptom und Angst,* in: *Gesammelte Werke,* Bd. XIV, S. 125.

Gelingt es, das abgewehrte Trieb- und Affektgeschehen zeitig genug bewußtseinsfähig und damit für das Ich bearbeitbar zu machen, so kann realitätsangemessene Handlung, realitätsgerechtes Verhalten zustandekommen. Das Symptom klingt ab, schlagartig oder langsam. Funktionen treten an die Stelle von Ersatzfunktionen. Und solange dies möglich ist, handelt es sich um einen Prozeß im *Funktionsbereich*, der sich als reversibel erweist. Unter langanhaltender und intensiver Dauerbelastung kann es jedoch geschehen, daß die höhere Gestalteinheit der leib-seelischen Prozesse zerfällt und daß sich das Leben in Teilbereichen mehr oder weniger autonom organisiert. Ein klassisches Beispiel dafür auf der organischen Seite ist das metastasierende Krebswachstum. Aber auch unter permanentem Verdrängungsaufwand deformierte Organvorgänge können in einen irreversiblen Zustand übergehen. Ist eine solche Zerreißung der höheren Organisationseinheit, also eine Zerreißung des psychosomatischen Simultangeschehens eingetreten, so liegt eine *Defektautonomie* in der Regulation körperlicher Prozesse vor. Und dann mag man mit Recht sagen, daß wir dem, was sich im Symptombereich abspielt, nicht mehr verstehend folgen können, weil ihm nach unserem bisherigen Wissen das psychische Korrelat fehlt. In dieser Phase können wir chirurgisch oder medikamentös substituierend eingreifen; der größere Wirkungszusammenhang jedoch bleibt zerstört. Der Arzt muß sich damit begnügen, den Zustand zu lindern. Wo das leibseelische Geschehen derart zerrissen ist, verläuft eine der definitiven Grenzen des psychologischen Zugangs zur Krankheit.

II. Ein psychosomatisches Modell. Schritte der Forschung

Auf die Erörterung einiger prinzipieller Probleme im ersten Kapitel folgt nun ein Einblick in die Klinik. Es werden einige Schritte der Entwicklung eines psychosomatischen Krankheitsmodelles dargestellt. Damit ist ein Stück Geschichte der psychosomatischen Forschung verknüpft. Ihre besonderen methodischen Schwierigkeiten werden deutlicher. Die Krankheiten, um die es dabei geht, sind Geschwüre am Magen und Zwölffingerdarm. Im dritten Kapitel wird dann, mit der Krankengeschichte eines Ulcuskranken belegt, die so wichtige Frage aufgegriffen, welche Umstände den Übergang von der mehr akuten, sporadisch auftretenden Erkrankungsform in die chronische bewirken. Beide Abschnitte sollen auf die anschließende Diskussion vorbereiten.

Der um die Aufhellung der Vielschichtigkeit pathogenetischen Geschehens bei der Entstehung eines Magen- oder Zwölffingerdarmgeschwürs außerordentlich verdiente Arthur I. Mirsky hat einmal gesagt: »Psychosomatisch heißt nicht psychogen. Andererseits bedeutet es auch nicht die Abwesenheit einer erblichen Determinante. Es will einzig besagen, daß für die Entwicklung einer Krankheit ein aus dem Erleben stammender Faktor eine wesentliche, aber nicht immer ausschlaggebende Bedingung ist.«[1] Sich dieser Definition zu erinnern, erscheint zweckmäßig, nachdem, trotz langer Bemühung, vieles an der Ulcus-Krankheit uns immer noch rätselhaft ist.

Zunächst ist die Tatsache von Bedeutung, daß nahezu jedes Ulcus ventriculi oder duodeni mit Hilfe der Therapie ausheilt; doch es heilt auch ohne jede Therapie aus. Mancher therapeutische Erfolg, den der Arzt sich zuschreibt, kann durchaus eine Spontanheilung gewesen sein. Wie die Heilung stattgefunden hat, ist oft ebensowenig feststellbar wie das periodische Auftreten der Krankheit.

Außerdem müssen wir uns darüber im klaren sein, daß viele

1 Arthur I. Mirsky: *Körperliche, seelische und soziale Faktoren bei psychosomatischen Störungen*, in: *Psyche*, Nr. 15, 1961/62, S. 26.

Kranke nach einer langen Leidensgeschichte, beispielsweise bei einem chronischen Ulcusleiden, weder durch eine internistische noch eine psychotherapeutische Beeinflussung zu erreichen sind. Durch einen chirurgischen Eingriff (nach Billroth II), der einen Teil des Magens entfernt, können sie jedoch rasch beschwerdefrei werden. In den meisten Fällen hält dieser Zustand glücklicherweise an. Was bedeutet das?

Der Magen ist ganz offensichtlich ein Organ, das in seinen Leistungen sehr variationsfähig ist. Einige Beobachtungen zeigen das.

Das Ehepaar Crisler hat in seinem Buch *Wir heulten mit den Wölfen*[2] von Beobachtungen in der Arktis berichtet. Während 18 Monaten lebten die beiden Tierfotografen in der Nähe von Wölfen. Da sie einen Wurf Welpen aufzogen, hatten sie Gelegenheit zu sehr genauen Beobachtungen. Dabei gelangen eindrucksvolle Entdeckungen. So stellte sich etwa heraus, daß die Wölfe den Magen als Transportorgan benutzen können. Sie reißen ein Tier, fressen sich den Magen voll, laufen bis zu 30 km zu ihrem Bau zurück und würgen dort den Jungen das Gefressene wieder heraus. Es ist so frisch, als ob es eben vom Metzger käme. Das heißt also, daß die Wölfe eine Distanz von 30 km hinter sich bringen und während dieser Zeit die Magensekretion blockieren können. Der Magen als Verdauungsorgan kann unter den instinktregulierten Aufgaben der Aufzucht einer völlig anderen Funktion dienen, nämlich dem Transport von Futter.

Dieser zweifellos interessanten Beobachtung läßt sich ein schon länger bekannter, freilich sehr grausamer Versuch an Hunden kontrastieren, den I. S. Silbermann gemacht hat. Silbermann[3] legte in Verfolgung Pavlovscher Konditionierungsexperimente Hunden eine Speiseröhrenfistel an. Das gefressene Futter fiel sofort aus der künstlichen Öffnung der Speiseröhre heraus, worauf die hungrigen Hunde den Brocken wieder aufschnappten. In diesem befriedigungslosen Fressen stimuliert sich die Magensekretion enorm. Die Hunde setzten das Wiederaufnehmen der Nahrung bis zu 45 Minuten fort. Das Endergebnis des

2 Lois Crisler: *Wir heulten mit den Wölfen*, München 1962.

3 I. S. Silbermann: *Experimentelle Magen-Duodenal-Ulcuserzeugung durch Scheinfüttern nach Pavlov*, in: *Zbl. f. Chirurgie* Nr. 54, 1927, S. 2385, zit. n. Franz Alexander: *Psychosomatic Medicine*, London 1952.

Experiments war immer ein Ulcus. Die, in dem vorliegenden Fall künstlich gesteigerte, Hyperaktivität des Magens, insbesondere seine Hypersekretion, muß etwas mit der Ulcuspathogenese zu tun haben.
Weit bekannter sind die Beobachtungen von Stewart Wolf und Harold G. Wolff an ihrem Labordiener Tom[4] geworden, dem wegen einer Verätzung der Speiseröhre eine künstliche Magenfistel angelegt werden mußte. Rings um die Fistel bildete sich ein Vorfall der Magenschleimhaut von der Größe eines Fünfmarkstücks. Damit bot sich die seltene Gelegenheit, die Magenschleimhaut in vivo zu studieren. Wolf und Wolff unterzogen Tom sorgfältig geplanten seelischen Belastungssituationen – zum Beispiel, indem sie ihn ungerecht behandelten –, um die Reaktion der Magenschleimhaut zu beobachten. Es zeigte sich, daß in bestimmten Streß-Situationen, die etwa eine intensive Wut bei Tom erweckten, die Schleimhaut erblaßte und eine ergotrope Reaktion einsetzte.
In den Versuchen von Wolf und Wolff ging es um die psychosomatischen Koppelungen bei bewußten Erregungen. Mit dem nächsten Schritt gelang der Nachweis unbewußter emotioneller Beeinflussung der Magenfunktion. Sidney Margolin[5] hat über einen nicht minder berühmt gewordenen Fall berichtet. Eine Negerstudentin hatte einen Selbstmordversuch gemacht, indem sie eine ätzende Flüssigkeit trank. Die schweren Zerstörungen am Oesophagus zwangen zur Anlage einer künstlichen Magenfistel, um die herum sich ebenfalls ein Schleimhautprolaps bildete. Die Operation hinterließ einen vergleichsweise großen Eingang; man konnte direkt in das Magenlumen blicken. Bei der gemeinsam mit den Physiologen Crider und Walker durchgeführten Beobachtungsserie stellte sich heraus, daß die Magenschleimhaut dieser Studentin genau umgekehrt wie die des Labordieners Tom von Wolf und Wolff reagierte. Hatten bei ihm Ärger, Groll und Furcht die Sekretion gehemmt und die Schleimhaut erblassen lassen, so beantwortete die der Studentin gleiche Belastungen mit vermehrter Sekretion und einer Erweiterung der Schleimhautgefäße. Es wurde die Hypothese aufgestellt, der unterschiedliche Befund der physiologischen Re-

4 St. Wolf und H. G. Wolff: *Human Gastric Function*, New York 1947.
5 S. Margolin: *Das Verhalten des Magens während der psychoanalytischen Behandlung*, in: *Psyche*, Nr. 6, 1952/53, S. 443.

aktionen bei emotioneller Belastung sei möglicherweise durch den Geschlechtsunterschied bedingt. Die Frage ist noch offen, doch wahrscheinlich hat hier die unbewußte emotionelle Steuerung die ausschlaggebende Rolle gespielt.
Der wichtige Nachweis, den Margolin führen konnte, wurde aufgrund fortlaufender Untersuchungen während einer psychoanalytischen Behandlung der Patientin möglich. Es zeigte sich, daß es Mitbeteiligungen des Magens sowohl bei bewußten wie bei unbewußt verlaufenden emotionellen Regungen gibt. Durch eine vorzügliche Zusammenarbeit von Analytikern und physiologischem Labor gelang der Nachweis, daß auch unbewußte, nicht im Bewußtsein erlebte oder von der bewußten Wahrnehmung ferngehaltene Emotionen einen nachhaltigen Einfluß auf die Organleistungen ausüben. Sie halten gleichsam die Steuerung des Organs besetzt. So muß zum Beispiel ein sehr intensiver Wunsch nach Gefüttertwerden, nach oraler Rezeption (eine »Hungerstimmung«) keineswegs immer ins Bewußtsein dringen. Im Gegenteil, er kann unter Umständen heftig verleugnet werden; trotzdem verhält sich das Organ dieser Regung entsprechend trophotrop. Peristaltik, Durchblutung, Sekretion benehmen sich so, als ob die Aufnahme einer Mahlzeit bevorstünde. Auch wenn es sich um einen sehr allegorisch anmutenden Hunger handelt, also um Hunger nach Zärtlichkeit, Anerkennung, Geborgenheit, verhält sich – bei bestimmten Menschen – das Organ ganz so, als sollte jetzt ein Verlangen nach Nahrung gestillt werden.
Auch wenn Individuen dieser frühesten Erlebniswelt verhaftet, d. h. oral fixiert bleiben, muß das – vorausgesetzt, ihr Leben ist von der Art, daß es kaum Konflikte mit dem gebieterischen Verlangen nach Fütterung heraufbeschwört (etwa bei Köchen oder Lebensmittelhändlern) – nicht notwendig zu Störungen führen; verlangen Beruf und Umstände jedoch weitgehende Selbständigkeit und gewähren sie wenig passiv erlebbare Gratifikationen, so wird das unbewußt fortdauernde Verlangen nach solcher Gewährung möglicherweise zu einer permanenten Konfliktquelle. Orale Befriedigung wird dann zum Maßstab aller seelischen Spannungs-Entspannungs-Erlebnisse. Wobei man im Auge zu behalten hat, daß mit »Oralität« eine Gesamtsituation frühester Kommunikation gemeint ist. Das Verlangen nach Stillung einer imperativ sich ankündigenden

Hungerunlust, die darauf folgende »Verstimmung« und Unlustkundgabe und die Befriedigung bringende Nahrungsaufnahme bilden eine Verlaufseinheit. Man kann sie, ritualisiert, oft in Büros, an Arbeitsplätzen beobachten, wo morgens die »Vespermahlzeit« eingenommen wird. Es handelt sich da nicht eigentlich um die Befriedigung eines kalorischen Bedürfnisses, vielmehr um eine Beschwichtigung von Unlust, die mit der gegebenen Situation in Zusammenhang steht. Denn zum »oralen« Erleben gehören die ontogenetisch frühesten erregungsdämpfenden Erfahrungen: Hautkontakt (Wärme, harte Berührung), akustischer Kontakt (Sprache und Tonfall) und passiv beruhigendes Bewegtwerden. All das zusammen bildet in der psychologischen Begriffssprache die Einheit Oralität. Umgekehrt können wiederholte Entbehrungen des befriedigenden Hautkontaktes, Erfahrungen der Verlassenheit (Mangel an sprachlichem Kontakt) und häufiger physiologischer Hunger als Traumen erlebt werden. In der Psychoanalyse spricht man von einer Fixierung an die orale Phase oder an den oralen Erlebnishorizont, wenn traumatische Erfahrungen im Zusammenhang mit Gefüttert- oder Gestilltwerden zu Phantasien gierigen Verschlingens, maßloser Erwartung rein passiver Verwöhnung führen und diese Phantasien unbewußt einen mehr oder weniger bedeutsamen Einfluß auf das Verhalten eines Menschen gewinnen. Oral aggressive und oral passive Einstellungen sind von großer Bedeutung für das Sozialverhalten; sie gehen in der Entwicklungsgeschichte des Charakters auf die frühesten Sättigungs- und Entbehrungserlebnisse zurück.

Die Untersuchungen Margolins haben uns also einen weiteren Einblick in das psychosomatische Simultangeschehen bei unbewußt bleibenden emotionellen Regungen gebracht. Das stützt die Hypothese, daß aus dem Bewußtsein abgewehrte, unbewußt gewordene Konflikte nicht nur Auswirkungen auf die psychische Verfassung haben, sondern ebenso in körperlichen Symptomen sich bemerkbar machen können. Da das Erleben und Verhalten der Menschen gleichermaßen von körperlichen und seelischen Faktoren bestimmt und die Prävalenz des Denkens eine geschichtlich späte Errungenschaft ist, liegt der Schluß nahe, die psychosomatische Krankheit sei die ursprünglichere, archaischere (gegenüber den eigentlichen Psychoneurosen ohne nennenswerte vegetative Begleitung, etwa den Zwangsneurosen). Am dramatischsten drückt sich diese psychosomatische Einheit wohl im »Voodoo«-Tod aus. Walter B. Cannon[6] hat ihn zunächst als überwältigende Angstreaktion gedeutet. In einer eindrucksvollen Nachfolgearbeit hat Curt P. Richter (vom Psychobiologischen Laboratorium der John Hopkins-University) nachgewiesen, daß es die Kombination von heftiger Angst und Hoffnungslosigkeit ist, die den Schocktod herbeiführt.[7] Die psychoneurotische Erkrankung stellt demgegenüber, modellhaft gedacht, eine auf Empfindungen, Gedanken reduzierte Erkrankungsform dar; mit Max Schur[8] dürfen wir sagen, sie setze bereits ein nicht geringes Maß an »Desomatisierung« der erregend erlebten Spannung voraus. Damit folgt sie einem Gebot der Kultur, welche Erlebnisantworten eher »symbolisch«, d. h. als vom leiblichen Ausdruck entfernt interpretiert. Im Gesamt der psychischen Organisation entspricht dem die Entwicklung »autonomer Ichfunktionen« (H. Hartmann). Das Ich löst sich zeitweise von den Triebspannungen, handelt autonom nach den Realitätsforderungen beziehungsweise nach seiner Spontaneität.

Verfolgt man die psychosomatischen Forschungsbeiträge zur Ulcusgenese weiter, so stößt man als nächstes auf die wichtigen Untersuchungen des eingangs erwähnten Biochemikers und Psychoanalytikers Arthur I. Mirsky[9] in Pittsburgh, dem der Nachweis von Serum- und Uropepsinogen gelang. Ihr Titer korrespondiert der Sekretationsrate des Magens. Mirsky hat Neugeborenen aus der Vene der Nabelschnur Blut entnommen und festgestellt, daß bei etwa 12 Prozent die Plasmapepsinogenkonzentration Werte zeigte, die denen von Ulcuspatienten entsprachen. Für die Erklärung dieser Hypersekretion lag die Annahme eines erbgenetischen Merkmals nahe.

Prinzipiell ist zu bedenken, daß der hypersekretorische Typ

6 W. B. Cannon: *»Voodoo« Death,* in: *Psychosom. Medizin* Nr. 19, 1957, S. 182.

7 C. P. Richter: *On the Phenomenon of Sudden Death in Animals and Man,* in: *Psychosom. Med.* XIX. 1957, S. 191 ff. »Nach Cannon würde der Tod als Folge eines Schockzustandes eintreten, der durch eine kontinuierliche Adrenalinausschwemmung hervorgerufen ist« (ib. S. 192). Rasche Atmung, rascher Puls, Blutkonzentration durch Flüssigkeitsverlust in die Gewebe.

8 M. Schur: *Comments on the Metapsychology of Somatization,* in: *Psa. Study of the Child,* Bd. 10, 1955.

9 A. I. Mirsky, l. c.

von Geburt an mehr Hungerempfindungen haben wird; er wird als Säugling mehr schreien, gebieterischer, häufiger nach Nahrung verlangen. Damit ist die Voraussetzung dafür geschaffen, daß Menschen mit Hypersekretion intensiver an die oralen Erlebnisse gebunden bleiben als normal oder schwach sezernierende. Das Verlangen nach Fürsorge, Zuwendung bleibt für sie gekoppelt mit dem Verlangen nach Nahrung. Unter Streß, das heißt unter Lebensumständen, die ihnen Aktivität, Ausdauer, Konzentration, Verzicht auf Schutz und Obhut, Selbständigkeit abverlangen, neigen sie dazu, sich auf die passiv-orale, rasch erreichbare Befriedigungsform zurückzuziehen (wie abgewehrt dieser Wunsch auch immer in ihrem bewußt gesteuerten Verhalten sein mag). Entsprechend diesem Rückzugswunsch wird die Menge des abgesonderten Magensaftes steigen. Man kann zum Beispiel beobachten, daß sie bei schwierigen Lernaufgaben dauernd Süßigkeiten essen, rauchen usw. Die Fixierung an orale Befriedigung hat überdies zur Folge, daß Menschen mit derart nachhaltig bestimmten Kindheitserfahrungen nur schwer die Beziehung zu jenen Personen ihrer Umwelt aufgeben, von denen die Hunger- und Sicherheitsbefriedigung gewährleistet wurde.
Zur Prüfung der Hypothese, daß Hypersekretion an der Ulcuspathogenese beteiligt sei, ersann Mirsky ein Experiment, genauer: er benutzte eine bestehende soziale Situation als Experiment. Er ging von der Überlegung aus, daß unter einem ergotropen Stressor, also bei starker körperlicher Anstrengung, zunächst die sekretorischen Magenfunktionen absinken müßten; wäre jedoch mit der Belastungssituation ein psychischer Konflikt verbunden, dann müßte die Sekretion entgegen den physiologischen Erwartungen ansteigen. Das wäre eine ideale Vorbedingung für das Entstehen eines Ulcus.
Als Experimentalsituation wählte Mirsky die der militärischen Grundausbildung. Die körperliche Anstrengung und die (oft erstmalige) Trennung von den wichtigsten Beziehungspersonen mußten seiner Meinung nach starke regressive Wünsche (nach Ruhe und Geborgenheit) stimulieren. Die Sekretionsrate des Magens würde steigen. Dadurch würden beim hypersekretorischen Typ Höchstwerte zustandekommen und damit die Entstehung eines Ulcus wahrscheinlich werden.
Mirsky ließ von 2079 Rekruten eine Blutprobe nehmen. Er

sortierte die 300 höchsten Serumpepsinogenwerte und die 179 Proben mit den niedrigsten Werten aus. Eine Gruppe diente der anderen als Kontrollgruppe. Von der Gruppe der 300 nahm er wiederum die Proben mit den 10 absolut höchsten Werten. Für sie hat er blind, ohne weitere Kenntnisse der Individuen prognostiziert, sie würden unter den Belastungen der Rekrutenausbildung, die für sie eine schwere und anhaltende orale Versagung darstelle, an einem Ulcus erkranken. In 9 Fällen ist die Vorhersage eingetroffen. Der zehnte der »hypersecreter« erkrankte nicht; später stellte sich heraus, daß er zunächst eine Arreststrafe zu absolvieren und deshalb die Grundausbildung nicht mitgemacht hatte. Als er sie später nachholen mußte, erkrankte auch er an einem Ulcusleiden. Hier liegt eine Prognose mit sonst in der Medizin kaum bekannter Treffsicherheit vor.

Damit war ein weiterer Hinweis darauf gegeben, daß zur Ulcusentstehung ein starker Anstieg der Sekretion notwendig ist, aber auch, daß diese Vermehrung durch soziale Belastungen provoziert wird. Außerdem wurde klar, daß die Sekretionssteigerung von einem schon habituell hohen Niveau ausgehen mußte, um pathologisch wirksam zu werden. Das wiederum erklärte, warum eine Regression auf orale Wünsche nicht in jedem Fall eine Ulcusbildung zur Folge hat. Bei einem habituell hyposekretorischen Typ reicht offenbar die Sekretionsmenge nicht zur Andauung aus (wenn man dieser Theorie über die Entstehung des häufigsten, des pylorusnahen Magengeschwürs an der kleinen Kurvatur oder des Duodenalulcus folgen darf).

Als gut geschulter Biologe sah Mirsky in seinem Nachweis nicht mehr als die Feststellung eines determinierenden Faktors, nicht aber eine Erklärung der Ulcuspathogenese im ganzen. Man erinnere sich in diesem Zusammenhang noch einmal an die bereits erwähnte Frage, warum die Geschwürsbildung sich in periodischen Execerbationen vollzieht, warum in den Zwischenphasen hohe Sekretionswerte ohne Gastritis und Ulcus auftreten können. Keine Erklärung eines Einzelfaktors ist allein ausreichend; wir haben es in der psychosomatischen Medizin vielmehr mit einem Beobachtungsfeld zu tun, in dem Multikausalität herrscht oder, moderner formuliert, in dem es viele unabhängige Variablen gibt. Diese Variablen sollten wir im Auge behalten, wenn wir uns theoretische Modellvorstellungen bilden, ohne die sinnvolle Forschung und Therapie nicht möglich sind. Deshalb noch einmal: Die Übersekretion von Pepsin ist ein wesentlicher, doch nicht der einzige Faktor in der Ätiologie des Ulcus. Erlebnisbelastungen, die auf Grund dieser somatischen Prädisposition (Hypersekretion – heftige Hungergefühle) leichter als orale Traumen verarbeitet werden, sind ein anderer Faktor.

Als erster hat Franz Alexander, unvergessener Pionier der psychosomatischen Medizin, einen Entwurf zu einem psychosomatischen Modell der Ulcus-Entstehung vorgelegt. Dieses Modell, mit dem sicher nicht alle Probleme gelöst worden sind, stellt nach wie vor ein brauchbares Instrument zum Verständnis der spezifischen Pathogenese des Magengeschwürleidens dar; es beschreibt die Pathogenese in zwei zirkulären Abläufen: a) der psychologischen Steuerung und b) einer psychosomatischen Steuerung, die den Erlebnisvorgängen korreliert bleibt. Auf der psychologischen Seite werden sieben intrapsychische Prozesse dargestellt:

1. Individuen mit angeborener hoher Magensaftsekretion, die »hypersecreters« im Mirskyschen Sinne, stehen unter dem Einfluß starker Hungererlebnisse; in ihrer Kindheit hat sie das sehr abhängig gemacht und zugleich empfindlich gegen diese Abhängigkeit werden lassen. Weil diese Abhängigkeit stark somatisch motiviert ist, bleibt sie bis in ein Alter hinein erhalten, in dem das zu ernstlichen Konflikten mit den Beziehungspersonen führen muß. (Eine deutliche soziale Forderung an das Kind unserer Zeit heißt: werde selbständig, konkurriere frühzeitig, passe dich den Gesetzen der Konkurrenzgesellschaft an, du kannst nicht immer der Mutter am Rockzipfel hängen.)
2. Gegen diese oral determinierte Abhängigkeit, die von der Umwelt meist als Verwöhnungsanspruch gedeutet und entsprechend ambivalent beantwortet wird, entwickelt sich im Kind ein Gefühl der Minderwertigkeit und als Reaktionsbildung darauf ein besonders intensives Unabhängigkeitsverlangen.
3. Dieses Unabhängigkeitsstreben kann als narzißtischer Protest gegen die als Last erlebte infantile Abhängigkeit aufgefaßt werden.
4. Die somatisch (durch Hypersekretion) stimulierten unbewußten Phantasien – die sowohl oral-aggressive als auch oral-

passive Inhalte haben können – werden durch die Abwehrform der Reaktionsbildung (zum Beispiel: demonstrativ unabhängiges, riskantes Verhalten) in ihrer Heftigkeit nicht gebrochen. Das Streben nach Sicherheit, Geborgenheit dauert an; es wird am Magen somatisiert, als Hungerstillung phantasiert; im faktischen Verhalten wird es in überkompensierender Selbständigkeit überspielt.

5. Infolgedessen müssen auch die Willensanstrengungen, in den Besitz befriedigender (und das heißt unbewußt weiterhin sättigender) Objekte zu gelangen, fortgesetzt werden. Wegen ihrer Maßlosigkeit erwecken die oral-aggressiven Phantasien Schuldgefühle, verletzen die oralpassiven den Stolz. (Dabei ist immer zu berücksichtigen, daß diese Phantasien durchaus archaisch und präverbal bleiben, weil die Abwehr schon zu einer Zeit einsetzt, da das Kind der Sprache noch nicht mächtig ist.)

6. Die aggressive Haltung, die als echte gegenphobische (»Angabe«) oft sehr impulsiv das Verhalten bestimmt, bringt in scharfe Konkurrenz oder Rivalität, was wiederum Angstgefühle und den Wunsch nach den Sicherheitserfahrungen der oralen Lebensphase erweckt.

7. Diese Angst- und Schuldgefühle drängen das Individuum in die Richtung der ursprünglichen Ausgangshaltung, nämlich in die infantile Abhängigkeit von übermächtigen Figuren, die so beunruhigend ambivalente Gefühle geweckt haben. So daß von dieser Ausgangslage aus dann der gleiche Ablauf erneut induziert wird.

Auf der somatischen Ebene bleibt in all diesen widersprüchlichen emotionellen Gestimmtheiten der Hunger als permanente, unbewußte, funktionelle Stimulierung bestehen; auch in Lebenslagen, in denen, in wechselndem kulturellen Kontext, »Aktivität« verlangt wird und wo deswegen eine Sekretions- und Durchblutungsverringerung am Magen zugunsten der ergotropen Haltung überwiegen sollte. Doch sogar dann scheint sich die trophotrope Innervation durchzusetzen. Die Permanenz dieser unbewußten Stimulierung ist es, die das Organ überfordert und schließlich die Geschwürentstehung befördert. Das hieraus entstehende Symptom Ulcus wird im Schmerz erlebt, und erst dieser vermag den Zirkel der psychischen Prozesse zu durchbrechen und eine Regression ohne Schuldgefühle

herbeizuführen. (Denn unsere Kultur läßt zwar häufig im Fall der schmerzhaften Krankheit, aber nur selten im Falle innerseelischer Konflikte von ihrer Leistungsforderung ab.)
Diese Schritte zur Symptomentwicklung belegen vorzüglich Freuds Bemerkung, das Symptom »sei Anzeichen und Ersatz einer unterbliebenen Triebbefriedigung, ein Erfolg des Verdrängungsvorganges«. Der Ich-Es-Konflikt ist deutlich. Das Ich weigert sich, »eventuell im Auftrag des Über-Ich«, das sich in Stolz und Schuldgefühlen meldet, »eine im Es angeregte Triebbesetzung« mitzumachen.[10] Die Persönlichkeit ist sich innerlich entfremdet; die Zielsetzungen, die der primäre Hunger vorbereitet hat, sind in den neurotisierenden Gegensatz zu den kulturkonformen Werten getreten. Das gilt für die Beschränkung ebenso der Aggressivität wie der passiven Forderungshaltung. Die Fixierung auf die Modi der »oralen« Befriedigung verhindert, daß Oralität ichsynton (akzeptabel, weniger von Schuld und Scham belastet) werden kann, kurz: der Verdrängungsvorgang bezieht sich auf einen nicht mehr akzeptablen Wunsch, Liebe als Gefüttertwerden zu erleben und zu erstreben. Das Symptom ist nicht nur Ersatz, sondern direktes Signal der Leere, der noch nicht erfolgten Triebbefriedigung, das heißt, das Individuum fühlt sich, wie einst als Kind, im Stich gelassen, vernachlässigt, überfordert. Dieser Erlebnismodus kann sich bis ins Alter erhalten. Nur wird später der Nüchternschmerz des intensiven Hungers durch den Nüchternschmerz als Begleiterscheinung des Ulcus ersetzt.
In der Realität befindet sich das Individuum, das einmal oral fixiert ist, in einer ziemlich hilflosen Lage, denn es kann Sättigung nicht mehr durch häufige Nahrungszufuhr (wie sie etwa in der Ulcus-Diät verordnet wird) erreichen, weil die materielle Nahrung nicht das Problem der Abhängigkeit und auch nicht die mit ihr verbundenen ambivalenten Gefühle der Umwelt gegenüber lösen kann, die als versagend und überfordernd zugleich erfahren wird. Und Alexanders Modell ist deshalb so wichtig, weil es das Miteinander starr gewordener Erwartungshaltungen und ihnen somatisch zugeordneter Funktionsveränderungen am Organ zeigt. Auf diesen langen Prozeß vor der akuten Zuspitzung im Symptom Ulcus muß hingewiesen wer-

10 Sigmund Freud: *Hemmung, Symptom und Angst*, in: *Gesammelte Werke*, Bd. XIV, S. 118.

den, weil die meisten Auffassungen eine viel zu kurzfristige Entwicklung annehmen. Zwar kann in Ausnahmefällen eine akute Belastungssituation zu ungewöhnlich hohen Sekretionsraten und schließlich auch zu einer einmaligen Ulcus-Bildung führen; solche psychischen Panik-Situationen stellen aber die Ausnahme dar. Gewöhnlich bedarf der akute emotionelle Streß der mehr oder weniger weit zurückliegenden oralen Fixierung, die ihrerseits durch die Hypersekretion des Magens mitbedingt ist, damit ein chronisch rezidivierendes Ulcus sich entwickeln kann. Die orale Fixierung braucht jedoch als solche im Phänotypus nicht direkt erkennbar zu sein. Sie kann, wie dargestellt, hinter der Reaktionsbildung – Mut, Draufgängertum, gespannte Aktivität – verborgen liegen.
Ein zweiter Entwicklungsweg, der im Alexanderschen Modell nicht ausdrücklich beschrieben wird, zweigt an der dritten Phase des beschriebenen psychischen Zirkels ab. Es kommt bei diesen Kranken nicht zur Überkompensation, sondern zur passiven Resignation mit intensiver halluzinatorischer (tagträumender) Vorwegnahme der Triebbefriedigung. Sie sind mit ihrem Versagen, ihrer Lethargie, ihrem Mangel an Initiative und Ausdauer in der Konkurrenzgesellschaft die scheinbar kränkeren; diese Einschätzung freilich ist willkürlich und erfolgt vom Leistungsidol unserer Kultur her.
Schließlich läßt sich am chronischen Ulcus ein klinisch wichtiges Phänomen darstellen: *die Zerreißung des psychosomatischen Simultangeschehens*. Der chronisch Ulcuskranke, der seine Fehleinstellung nicht korrigieren kann, lebt in dem beschriebenen chronischen Konflikt. Er erkrankt periodisch, meist in schneller werdendem Rhythmus, an Schüben seiner Geschwürserkrankung. 85 Prozent aller Magenulcera entstehen nahe dem Pylorus, dem Magenausgang, und führen zu einer Veränderung des Bulbus. Diese narbigen Veränderungen bereiten, da sie die Peristaltik beeinträchtigen, ihrerseits Schmerzen. Allerdings hat man es dabei mit einer neuen, zweiten, einer mechanischen Schmerzquelle zu tun, die nicht mit der psychosomatischen Dynamik der gastrischen oder duodenalen Schmerzen bei der Ulcus-Entstehung zu verwechseln ist. Die so entstehenden Schmerzen sind somatopsychisch und nicht mehr psychosomatisch. Sie sind nicht mehr Ausdruck des primär wirksamen Konflikts des Kranken. Das macht auch verständlich, warum im Falle

der Entfernung dieses Teils des Magens die Schmerzquelle tatsächlich eliminiert ist und der Kranke oft eine nachhaltige Erleichterung erfährt.

Jetzt können wir eine wichtige Faustregel psychosomatischer Klassifikation aufstellen. Es sind zwei Formen von Chronizität zu unterscheiden. Jene, die aus einem ungelösten und für das Ich des Kranken unlösbaren Konflikt hervorgeht; sie ist nur in einer glücklich verlaufenden psychoanalytischen Behandlung zu beenden, in welcher aufgrund der Ich-Stärkung die Konfliktlösung gelingt. In diesem Fall läuft der chronischen Organerkrankung die Chronizität des neurotischen Konflikts voraus: pathologische Charakterentwicklung führt zu unzureichender Realitätseinschätzung und zu Fehlerwartungen und Fehlentscheidungen. Sobald die aus ihnen resultierenden ambivalenten Spannungen ansteigen, die Triebbefriedigung jedoch unterbleibt, verschärft sich die Anstrengung der Abwehr – und entsprechend wächst das Bedürfnis, die Not, die das Individuum empfindet, auch auszudrücken. Es kommt zu einer Symptombildung als einem bewußtseinsfernen Ausdruck einer Notlage, die ihrerseits nicht voll ins Bewußtsein zu treten vermag. Die Triebbefriedigung ist verschoben. Die neue Notlage durch das Symptom bringt nun die Erfahrung mit sich, daß die jetzt entstandene Hilfsbedürftigkeit erlaubt ist. Man darf nachgeben, und damit ist eine Teilentlastung der Unlust möglich. Weil das Symptom trotzdem keine adäquate Befriedigung bringt, keine Konfliktlösung bewirkt, führt es in die Chronizität des psychosomatischen Symptoms hinein. Je länger die endgültige Konfliktlösung ausbleibt, desto mehr wächst die Hoffnungslosigkeit und reduziert sich die Widerstandskraft infolge der Überbeanspruchung psychisch wie organisch.

Das ist die erste, die eigentlich psychosomatische Form der Chronizität. Die zweite besteht im Fall der Ulcus-Erkrankung in den narbigen Veränderungen, die ihrerseits somatopsychisch Schmerzen machen. Sie haben mit dem Konflikt, der das Ulcus heraufbeschworen hat, nichts zu tun, sie haben keinen Ausdruckscharakter und sind die Konsequenz mechanischer Behinderung. Solcherart muß die eingangs erwähnte Heilung der Ulcus-Beschwerden durch eine Operation nach Billroth II zu erklären sein. Es ist klar, daß eine partielle Gastrectomie die Schmerzen aus dem sekundär veränderten Organ beseitigt

Kann die Operation aber auch den schmerzlichen Konflikt beseitigen? Kaum. Dennoch scheint es so zu sein, daß nach einem Eingriff auch die neurotische Besetzung eines schließlich sehr schmerzhaft reagierenden Organes nachläßt: dauernder Schmerz kann eine Verschiebung der Triebbesetzung bewirken. Das gilt einmal für jene Fälle, in denen ein Symptomwandel eintritt, zum Beispiel die Magenbeschwerden von Herzbeschwerden gefolgt sind. Andererseits kann nicht nachlassender Schmerz die Preisgabe der infantilen Hoffnungen und Erwartungen erzwingen. Es erfolgt nach langen Schmerzperioden eine neue Anpassung, sei es im Sinne stummer Resignation oder eines neuen Arrangements mit der Umwelt. Die Operation wirkt dann wie eine Absolution, ein Freispruch, eine Sühne; es wird ein Organteil geopfert und damit eine Kette schuldhafter Erlebnisse, zu denen keine innere Distanz zu erringen war, abgeschlossen. Wir müssen uns dabei freilich vergegenwärtigen, daß auch die pathologischen Verhaltensweisen vielfach keine absolute und definitive Starrheit aufweisen. Sie verändern sich nicht nur unter dem Einfluß der Therapie, es gibt auch Spontanverläufe, zuweilen mit einer Wendung zum Besseren. Wie sich der Verhaltenshabitus eines Menschen unter Reifungs- und Altersbedingungen zu wandeln vermag, so auch sein Krankheitshabitus, obschon dies Phänomene sind, die sich einer generalisierenden Beschreibung entziehen. Modellvorstellungen sind gleichwohl unersetzlich, auch für das Verständnis der Notlage des einzelnen Kranken. Ohne ein solches orientierendes Modell gibt es keine Möglichkeit, die pathologischen Prozesse in Richtung ihrer Herkunft zu verfolgen oder die Implikationen abzuschätzen, welche soziale Forderungen (wie zum Beispiel der Zwang zur raschen Unterwerfung unter die Ansprüche der Gesellschaft, etwa ein rigides Arbeitszeitschema) auf die Erkrankung ausüben.

III. Bedingungen der Chronifizierung psychosomatischer Krankheiten. Die zweiphasige Abwehr

Das ganze Ausmaß psychischer Einflüsse auf pathologisches organisches Geschehen kennen wir nicht. Doch bilden zweifellos diejenigen Krankheiten, in denen erlebnisbedingte Konflikte eine wesentliche und unter Umständen die entscheidende Rolle spielen, heute die größte Krankheitsgruppe. Die Schätzungen schwanken zwischen 30 und 80 Prozent aller Patienten, die ärztlichen Rat suchen. Um so merkwürdiger ist, daß sowohl die Ärzte der konventionellen Medizin als auch die Psychoanalytiker sich relativ selten mit psychosomatischen Krankheiten beschäftigen. Mehr in privaten Meinungsäußerungen als in der Literatur wird dabei die Auffassung vertreten, die Psychoanalyse sei ein Instrument, um Psychoneurosen zu behandeln; Organkrankheiten dagegen müßten als biologische, von der Erlebnissphäre strikt getrennte Prozesse betrachtet werden. Hier wird ein Vorurteil der konventionellen Medizin von jenen Ärzten, die im Hinblick auf die Neurosen von den weitreichenden Wirkungen psychischer Traumen sich überzeugt haben, unbefragt übernommen.
Dennoch ist die kleine Gruppe von Psychoanalytikern, die sich systematisch mit dem gesamten Gebiet der Krankheiten beschäftigt hat, im Lauf der vergangenen zwei bis drei Jahrzehnte – wie an einem Beispiel im letzten Kapitel erläutert – zu ziemlich differenzierten Hypothesenbildungen gelangt; es ist bemerkenswert, daß die Erfahrungen der einzelnen Forscher hierbei zunehmend konvergieren. Nicht unbeträchtliche Einsichten sind erarbeitet worden. Große Teile des komplexen leib-seelischen Erkrankungsgeschehens sind uns freilich immer noch verborgen.
Es gilt nun, nach der Skizzierung eines Erklärungsmodells für die Entstehung psychosomatischer Krankheiten, die Umstände zu beleuchten, die zu deren dauernder Einnistung führen. Die Arbeitshypothese, die wir zu diesem Zweck heranziehen, nennen wir die *zweiphasige Abwehr*. Die Erläuterung dieses Vor-

ganges wird Gelegenheit geben zu zeigen, daß psychoneurotische Fehlentwicklungen eine unerläßliche Vorbedingung für die große Zahl jener sich chronifizierenden Krankheiten bilden, bei denen wir Erlebniseinflüsse als bedeutsam zu erkennen gelernt haben.
Bei der Suche nach den pathogenetischen Faktoren ist im Auge zu behalten, daß wir zwar in unserem psychosomatischen Modell zwischen »organisch« und »psychisch« aufgrund guter klinischer Beobachtungen unterscheiden, daß aber zwischen beiden Faktorengruppen »Ergänzungsreihen« – wie Freud[1] es bezeichnet hat – bestehen. Sehr gut kommt dies in George Engels Begriff der »somatopsychisch-psychosomatischen Störungen«[2] zum Ausdruck; er bedeutet, daß hereditäre Faktoren die psychische Verwundbarkeit mitbestimmen und also in ein psychoneurotisches bzw. psychosomatisches Geschehen einbezogen werden können. Es handelt sich, genau genommen, um »interacting variables« (sich gegenseitig beeinflussende Variable). Bereits in den soeben zitierten *Vorlesungen* hat Freud die Frage gestellt: »Sind Neurosen exogene oder endogene Krankheiten, die unausbleibliche Folge einer gewissen Konstitution oder das Produkt gewisser schädigender (traumatischer) Lebenseindrücke, im besonderen: werden sie durch die Libidofixierung (und die sonstige Sexualkonstitution) oder durch den Druck der Versagung hervorgerufen?«[3] Die Einwirkung erbgenetischer Momente auf die Entstehung psychosomatischer Krankheiten – neben primär psychischen Traumen – kann ebenso wie bei den Neurosen als gegeben vorausgesetzt werden. Es kommt jedoch darauf an, die Lokalisierung des pathologischen Geschehens in der Ergänzungsreihe möglichst exakt zu machen. Welche Bedeutung gewinnt ein erbgenetischer Faktor, welche ein psychischer für das Verhalten, die Entwicklung der Trieb- und Realitätskontrolle, und wie können traumatische Erfahrungen auf eine so vorbereitete Charakterstruktur wirken? Kurz: Was wird überhaupt zum Trauma? Was *kann*, was *muß* traumatisch wirken?

1 S. Freud: *Gesammelte Werke*, Bd. XI (*Vorlesungen zur Einführung in die Psychoanalyse*), S. 360.
2 G. L. Engel: *Psychologic Development in Health and Disease*, Philadelphia 1962. G. L. Engel und A. H. Schmale: *Psychoanalytic Theory of Somatic Disorders*, in: *J. Amer. Psychoanal. Ass.* 15, 1967, S. 344–365.
3 l. c., S. 359.

Es leuchtet ein, daß es keine praktizierbare psychosomatische Medizin ohne eine Spezifitätslehre geben, daß Spezifität jedoch hier nur als *dynamisches Geschehen* (als Interaktion variabler Faktoren) definiert werden kann. Die Ätiologie psychosomatischer Leiden schließt nämlich vererbte und sozial-strukturelle Momente ein; beide wirken auf alle Instanzen des psychischen Apparates. Mit der Arbeitshypothese der zweiphasigen Verdrängung wird es möglich, einen Krankheitsprozeß, der auf zwei Ebenen (zunächst mit einer psychischen, dann mit einer somatischen Symptombildung) verläuft, in seiner Abfolge besser zu verstehen. Konstitutionell verstärkte oder abgeschwächte Organfunktionen können unter diesem Gesichtspunkt eine Schlüsselposition einnehmen. Das Hungergefühl beispielsweise, das von einer überstarken Magensaftsekretion herrührt – und zwar einer erblich bedingten – wird zu einer zentralen Erfahrung, die andere Aktivitäten des Individuums zu beeinflussen vermag. Das gleiche gilt von einem gesteigerten motorischen Bedürfnis, dem vielleicht eine anlagebedingte aggressive Triebstärke zugrunde liegt, usw. Vornehmlich solche Konstitutionsvarianten, die sich unmittelbar in Triebbedürfnissen repräsentieren oder mit ihnen in Konflikt geraten, erweisen sich häufig als spezifische Determinanten des Krankheitsgeschehens. Sie machen für bestimmte Erfahrungen (primäre Lernvorgänge der Sozialisation) besonders empfindlich oder unempfindlich. Die Ichentwicklung findet diese Gegebenheiten vor und ist vor schwierige Anpassungsaufgaben gestellt, ganz abgesehen davon, daß wohl auch die Ichstruktur in ihrer Differenzierung und Leistungsfähigkeit von Individuum zu Individuum variiert. Auch die Ichfähigkeiten müssen zum Teil als schwankende Begabungsqualitäten aufgefaßt werden.

Das Zusammenspiel, die Interaktion dieser Organisationszentren unseres psychischen Apparates ist Schicksalen unterworfen. Dem Ich fallen dabei die integrativen Aufgaben zu; das Über-Ich repräsentiert eine verinnerlichte Befehlsgebung gemäß dem sozialen Wertgefüge, und das Es repräsentiert die Trieborganisation. Gemeinsam formieren sie die jeweilige individuelle Charakterstruktur im Sinne spezifischer Erlebnis- und Verhaltensweisen; in diesem vielfältigen Zusammenwirken werden die Reaktionsweisen, die Belastbarkeit eines Charakters für ungewöhnliche Erfahrungen vorbereitet, seien es Traumen im Sinne des Objektverlustes, sei es Einbuße an narzißtischer Gratifikation. All dies bestimmt darüber, ob eigentümliche und vorherrschende Charakterzüge nicht mehr einen Ausgleich der unterschiedlichen Interessen, sondern den Ausdruck krankhafter Störungen darstellen. Haben solche Störungen sich durchgesetzt, so dient das psychoneurotisch deformierte Verhalten nicht mehr der Aufrechterhaltung eines fließenden, im Lebensvollzug sich wandelnden Anpassungsgleichgewichtes, es hat sich vielmehr eine Einförmigkeit der Reaktion, man könnte sagen: eine Charaktermonotonie, hergestellt. Derart typische Reaktionsbildungen und Abwehrmechanismen sind nach unserer Theorie die Vorbedingung für den Übergang des alloplastischen in das autoplastische Geschehen, von einem Verhalten, dessen Aktivität sich nicht mehr nach außen, auf Objekte draußen in der Welt, sondern auf das Objekt des eigenen Körpers, die eigene Körperfunktion richtet. Jede dieser charakterneurotischen, symptomneurotischen oder psychosomatischen Reaktionen ist eine spezifische Antwort auf ein kompliziertes Reizgeschehen, das heißt eine belastende Erfahrung, deren Ansatzpunkte auf den gesamten psychischen Apparat verteilt sein können. Zusammen bilden sie die spezifische Dynamik eines somatopsychisch-psychosomatischen Geschehens.

Es sei hier an Freuds Bemerkung erinnert, daß ein psychisches Trauma, je früher es das Individuum treffe, desto folgenschwerer sich auszuwirken pflege. Das bedeutet, daß in den Krankheitsneigungen, die »konstitutionell« bedingt erscheinen, frühe seelische Traumen und ihre psychosomatische Auswirkung verborgen sein können. (Ein bestimmtes Trauma kann besonders wirksam gewesen sein, weil es auf ein Individuum mit einer angeborenen höheren psychischen Empfindlichkeit – also mit einer niedrigen Reizschwelle – getroffen ist.) Diese Traumen sind, wie Freud sagt, »um so folgenschwerer, weil sie in die Zeiten der unvollendeten Entwicklung fallen«. Er vergleicht sie mit dem Nadelstich in die in Zellteilung begriffene Keimanlage, der schwere Entwicklungsstörungen zur Folge hat.[4] Mit einem Begriff Max Schurs[5] zu sprechen: »Desomatisierungsvorgänge« (Zurückdrängung körperlicher Korrelate emotioneller

4 l. c., S. 376.

5 M. Schur: *Comments on the Metapsychology of Somatization*, in: *The Psychoanalytic Study of the Child*, Bd. X, 1955, S. 119-164.

Erregung) können durch traumatisch wirksame Erlebnisse eine definitive Behinderung erfahren. Oder es kann schon bei geringer Belastung ein Rückgriff auf die charakteristischen körperlichen Affektkorrelate der frühen Kindheit erfolgen, vor allem den Angstaffekt und seine Ausdrucksformen. Die Kraft zur Neutralisierung von Energie ist im Ich dann geschwächt. Mit dieser Bemerkung spielen wir auf die Theorie von Heinz Hartmann[6] an, es müsse dem Ich gelingen, Triebenergie von ihren ursprünglichen Zielen abzuziehen, zu »neutralisieren« und sich selbst zunutze zu machen, ohne daß dabei aufwendige Konflikte mit Es und Über-Ich entstehen. Nur so könne es sich mit eigenen Zielen gegen die ältere Organisationsform der Triebe, das Es, zur Geltung zu bringen; unter Umständen auch gegen die innere Präsenz der gesellschaftlichen Normen des Verhaltens, gegen das Über-Ich.

Dabei ist zu bedenken, daß im Akt der *Regression* niemals das ursprüngliche, infantile psychosomatische Gesamtmilieu wieder erreicht werden kann. Ontogenetische Reifungsschritte können nicht beliebig zurückgenommen werden. Die Reaktionsformen, die für das erste, zweite oder dritte Lebensjahr psychosomatisch charakteristisch und adäquat waren, sind nicht mehr verfügbar. Doch der unbewältigbare affektive Druck, die psychische Erregtheit des Individuums, sucht nach solchen vom Ich nur schwach gebremsten somatischen Ausdruckskorrelaten. Es ist unsere Vermutung, daß die in der Phantasie erstrebte Rückkehr zu bestimmten infantilen Befriedigungsformen oder Abwehrleistungen deshalb krank macht, weil dem Organismus die regressive Anpassung, wie sie hier gefordert wird, nicht mehr möglich ist. Es ist ihm unmöglich, das biologisch *infantile* Korrelat der Emotion zustande zu bringen. Der Kompromiß zwischen den realen Möglichkeiten des Organismus und einem stürmischen, auf die Außenwelt keine Rücksicht nehmenden Verlangen nach Abhilfe – sei es eines auf Befriedigung pochenden Triebwunsches, sei es starker Angsteinwirkung – vollzieht sich dann in der pathologischen Leistungsveränderung. Das ist freilich nur *ein* Aspekt der Kompromißbildung; ein anderer liegt in den viel stärkeren aggressiven und libidinösen Möglichkeiten des erwachsenen In-

6 Heinz Hartmann: *Zur psychoanalytischen Theorie des Ich*, in: *Psyche* XVIII, 1964, S. 321 ff.

dividuums und deren autoplastischen Auswirkungen. So wie das reife Individuum libidinös und aggressiv sich viel nachhaltiger zur Geltung bringen kann als das Kind, so vermögen auch die pathologischen autoplastischen Einwirkungen der Aggression schwere, chronische und unter Umständen tödliche Folgen herbeizuführen.

Morton Reiser[7] hat darauf hingewiesen, »das Aufnehmen nicht-psychologischer Spezifitätsfaktoren in die allgemeine Theorie der psychosomatischen Krankheit« berge die Gefahr in sich, daß »unvollständiges psychologisches Verstehen mit unvollständiger physiologischer Information in Einklang gebracht wird«. Aus der unbekannten Vielzahl krankmachender Faktoren wird in der Arbeitshypothese der zweiphasigen Verdrängung folgender Sachverhalt hervorgehoben: die Chronifizierung eines Leidens mit ausgesprochen somatischer Beteiligung – um klassische psychosomatische Krankheiten zu nennen: eines Asthma bronchiale, eines Ulcus pepticum, einer Colitis ulcerosa – kann nur auf dem Boden einer vorgegebenen psychoneurotischen Struktur erfolgen. Damit ist nicht nur nicht geleugnet, daß eine Ergänzungsreihe der Wirksamkeit zwischen Anlagefaktoren und Traumen besteht, sondern es wird sogar behauptet, daß beide Faktoren wechselseitig spezifische Wirkungen aufeinander ausüben. Das bedeutet, daß, von extremen Fällen der Ergänzungsreihe abgesehen, chronische Organsymptome sich regelmäßig bei Personen finden, bei denen zuvor bereits ein Versuch der psychischen Konfliktlösung stattgefunden hat – eine Konfliktlösung mit pathologischem Ausgang freilich. In der Struktur dieser jeweiligen Psychoneurose ist Anlagefaktoren – z. B. Varianten der Differenzierungsform des Ich – durchaus eine Rolle zuzubilligen. Doch was den psychosomatisch arbeitenden Arzt betrifft, so interessiert er sich weniger für die Anlagefaktoren als dafür, wie und bis zu welchem Grade Erlebnis- und Verhaltensmobilität trotz diesen Faktoren möglich ist. Natürlich befriedigt es ihn zu wissen, daß wahrscheinlich bei all den Fällen, die man somatopsychisch-psychosomatisch verstehbare Magengeschwürkrankheiten nennen darf, eine überschießende Magensaftabsonderung eine bedeutsame Rolle spielt. Die eigentliche Aufgabe jedoch, die psy-

7 Morton Reiser: *Toward an Integrated Psychoanalytic-Physiological Theory of Psychosomatic Disorders*, in: *Psychoanalysis – A General Psychology*, 1966.

chosomatische Therapie, erblickt er darin zu erproben, wieweit durch eine Stärkung der Ich-Funktionen, der integrativen Ich-Leistungen, sowohl die primär somatischen Belastungen wie auch die im sozialen Verkehr zwischen den Individuen entstandenen Traumen in ihrer Auswirkung korrigiert werden können; korrigiert derart, daß eine angemessene alloplastische Einstellung zur Realität und ein entsprechendes Verhalten zustande kommt.

Bereits bei Freud findet sich ein Hinweis auf die Zweiphasigkeit des Verdrängungsvorganges: »Alle Verdrängungen geschehen in früher Kindheit; es sind primitive Abwehrmaßregeln des unreifen, schwachen Ichs. In späteren Jahren werden keine neuen Verdrängungen vollzogen, aber die alten erhalten sich und ihre Dienste werden vom Ich weiterhin zur Triebbeherrschung in Anspruch genommen. Neue Konflikte werden, wie wir es ausdrücken, durch ›Nachverdrängung‹ erledigt.«[8] Unsere Beobachtungen setzen an diesem nur vage angedeuteten Vorgang der »Nachverdrängung« ein, wobei unsere Hypothese ist, daß die Nachverdrängung sich nicht nur auf den psychischen Apparat auswirke, sondern daß es dabei auch zu autoplastischen Funktionsveränderungen an einem Organ oder einem physiologischen Organsystem – z. B. dem peripheren Kreislauf – komme. Psychosomatische Krankheiten chronischer Art entwickeln sich nach unserer Hypothese immer dann, wenn die Abwehrversuche mit den dem Individuum vertrauten psychischen Mitteln nicht mehr ausreichen. George Engel und J. R. Schmale[9] haben der Erfahrung von *Hilflosigkeit* und *Hoffnungslosigkeit* eine besondere Bedeutung beim Zusammenbruch der psychischen Abwehrvorgänge und dem Rückgriff auf autoplastische Veränderungen von Organleistungen zugesprochen. Das in diesem Bereich entscheidende Problem, das noch der Erforschung harrt und für das es sicher nicht nur eine, sondern eine Reihe von Lösungen gibt (entsprechend der Lokalisation einer pathologischen Reaktion in der Ergänzungsreihe), lautet: warum erfolgt keine Verstärkung der ursprünglichen psychoneurotischen Störungen oder kein Umschlag in eine Psychose, sondern eben dieser Umschlag in die Störung somatischer

8 Sigmund Freud: *Gesammelte Werke*, Bd. XVI *(Die endliche und die unendliche Analyse)*, S. 71.

9 Engel und Schmale, l. c.

Funktionen oder die Zerstörung des jeweiligen biologischen Substrats einer Leistung?
Zur Illustration dessen, was wir mit zweiphasiger Abwehr meinen, sei die Krankengeschichte eines jetzt 75jährigen Patienten in Umrissen dargestellt. Wir sind mit ihm im Rahmen eines noch nicht abgeschlossenen Projektes bekannt geworden, in dessen Verlauf wir in Zusammenarbeit und mit Unterstützung der Chirurgischen Universitätsklinik Heidelberg[10] unausgelesen Patienten nachuntersuchen, bei denen nach einer mehr oder weniger langen Vorgeschichte eine Gastrectomie (die operative Entfernung des geschwürig erkrankten Magenteiles) vorgenommen wurde. Solche Patienten-Gruppen bekommt der Psychoanalytiker normalerweise nie zu Gesicht. Das Leiden der Kranken wurde von ärztlicher Seite zunächst als ein körperliches aufgefaßt. Wenn sich dann schwere narbige Veränderungen am Magen, an dem sich immer wieder neue Geschwüre bilden, entwickelt haben, ist der operative Eingriff das Mittel der Wahl. Bei unseren Nachuntersuchungen versuchten wir, uns ein Bild von der Persönlichkeit und ihrer Krankheitsvorgeschichte zu machen; unter welchen Umständen hatte das Magenleiden begonnen und unter welchen sich chronifiziert?
Unser 75jähriger Patient war gelernter Koch und betrieb bis zum Ende des Zweiten Weltkrieges ein Restaurant mit gutem Erfolg, er hatte viele Bekannte und Freunde, war kinderlos verheiratet, was auf eine Konzeptionsunfähigkeit seiner Frau zurückgeführt wurde. Pathologisch auffällig schien zunächst nur, daß der Kranke in seinen dreißiger und vierziger Jahren erheblich übergewichtig war – zirka 30 Kilogramm. Befaßte man sich genauer mit der Biographie des Kranken, so stellte man fest, daß es sich um eine ausgesprochene Überfütterungsfettsucht handelte. Der Patient hatte einen ungeheuren Appetit und versicherte, daß es ihm nicht die geringsten Schwierigkeiten bereite, bei einer Mahlzeit zwei Hähnchen zu verzehren. Orale Gratifikationen spielen eine alles beeinflussende Rolle in seinem Leben. Er befriedigt die meisten seiner libidinösen Bedürfnisse im Essen, quantitativ wie qualitativ; aber er drückt auch seine Zuneigung unter diesen Gesichtspunkten aus, z. B. schickte er seiner Frau, die in seinem Restaurant das Buffet leitete, vor

10 Wir danken an dieser Stelle dem Direktor der Klinik, Prof. Dr. Fritz Linder, und Priv. Doz. Dr. Werner Wenz für die Kooperation.

der mittäglichen Arbeitsbelastung eine von ihm ästhetisch appetitanregend zubereitete Speise. Man gewann den Eindruck, daß er es nicht bedauerte, bei ihr ohne Kinder sein Leben verbracht zu haben, nachdem er sich in der eigenen Kindheit bei großem Hunger einer strikten Verteilung der Speisen unter den Geschwistern hatte unterordnen müssen.
Wenn unser Patient Grund hatte, sich über irgend etwas zu ärgern, so schob ihm seine Umgebung wortlos eine Kanne mit Milchkaffee hin. Hatte er sie ausgetrunken, dann war auch sein Zorn verraucht. In diesem Zustand oraler Libidofixierung und oral aggressiver Abreaktion (dem gierigen Trinken und Verschlingen) – in diesem Milieu sofort verfügbarer Befriedigung für seine Triebspannungen – erledigte der Patient durch viele Jahre einen Arbeitstag von 14 bis 16 Stunden und war dabei im wesentlichen seelisch und körperlich ausgeglichen. Retrospektiv kann man ihn als einen jener charakterneurotischen Patienten ansehen, denen es gelingt, ihre Umwelt und ihre neurotischen Bedürfnisse aktiv miteinander in Harmonie zu bringen. Der Patient ist nie recht krank gewesen und hatte niemals Magenbeschwerden gehabt. Diese Gleichgewichtslage wurde traumatisch gestört, als er 55 Jahre alt war. Im letzten Kriegsabschnitt besetzten amerikanische Truppen seinen Wohnort, zwangen ihn, in wenigen Stunden Haus und Restaurant zu räumen. Der Patient reagierte auf den Räumungsbefehl mit einem ungezügelten Wutanfall, indem er ziellos hin und her rennend wie ein Tier brüllte. Dann schlug seine Reaktion in krampfhaftes Weinen um. Innerhalb der folgenden vierundzwanzig Stunden traten heftige krampfhafte Schmerzen im Oberbauch auf. Später bildete sich eine typische Magenanamnese mit frühjährlichen und herbstlichen Gipfeln der Beschwerden. Während der nächsten vierzehn Jahre trat eine langsame Verschlechterung des Zustandes ein. Röntgenologisch wurden vielfach Magengeschwüre nachgewiesen.
Der Patient war nicht in der Lage, sich abzufinden oder seine Trotzreaktion gegen dieses von ihm als ungeheuerlich empfundene Trauma aufzugeben. Nie wieder hat er sein Restaurant betreten, nie wieder als Koch gearbeitet.
Nach vierzehn Jahren traf ihn abermals ein schweres Trauma. Ein Schwager prellte ihn um eine erhebliche, von ihm sauer verdiente Summe Geldes. Der Kranke antwortete mit tagelang

sich wiederholenden Wutanfällen und hatte deutlich Tötungsabsichten gegen den Verwandten. Gleichzeitig verschlimmerte sich schlagartig sein Magenleiden; es traten permanente Schmerzen auf, der Patient kam körperlich herunter und vertrug schließlich außer Milch kaum noch Speisen. Eine Gastrectomie, die ein Jahr nach dem Trauma ausgeführt wurde, führte zu völliger Beschwerdefreiheit.[11] Zum ausgeglichenen Zustand, in dem der Patient sich jetzt befindet, mag auch eine überraschend gewährte orale Beschwichtigung durch die Nichte des Kranken, die Tochter eben jenes Schwagers, der ihn um das Geld geprellt hat, beigetragen haben. Sie lud den Patienten ein, sich aus ihrer Küche und ihrem Keller mit Nahrungsmitteln zu versorgen. So geht der Patient jetzt jede Woche in dieses recht wohlhabende Haus, um sich für seinen immer noch fabelhaften Appetit einzudecken.

Der Fall sollte modellhaft und überdeutlich den Vorgang der zweiphasigen Abwehr bedrohlich anwachsender Triebbedürfnisse sichtbar werden lassen. Im ersten Abschnitt gelang es dem Patienten, wie gesagt, mit Hilfe oraler Gratifikationen seine Triebspannungen zu mäßigen. Außer der Fettsucht kam es zu keiner eklatanten Symptombildung, hingegen entwickelte sich ein im emotionalen Bereich fixierter oraler Charakter. Es trat die übliche Ich-Spaltung ein. Was die Triebkontrolle betrifft, blieb das Ich in der Behandlung dieser infantilen Triebbefriedigungen oraler Art wenig einflußreich; es hatte einzuwilligen. Es kam zu einem Arrangement, in dem das Ich auf die oralen Triebsättigungen keinen Einfluß nahm, während der übrige Ich-Anteil dem Patienten zu einer realitätsgerechten Anpassung und leistungsbezogenem Verhalten verhalf. Der Prozeß des Spezifischwerdens der Abwehr, nämlich des Ausbaus eines Systems kurzfristiger Triebbefriedigungen in bezug auf ein imperativ sich meldendes Triebbedürfnis, ist offenkundig. Die Hunger signalisierende Hypersekretion wird als physische Motivation wirksam. Wir sehen, wie ein Organ, dessen Funktionen im normalen Leben nur eine gelegentlich deutliche, meist

11 Dieser erstaunliche Erfolg, der in unseren Beobachtungen nicht selten ist, kann in diesem Zusammenhang nicht erörtert werden; es hat sich jedoch bei uns die Auffassung gebildet, wie auch im letzten Abschnitt des vorangehenden Kapitels skizziert, daß die postoperative Schmerzfreiheit ebenfalls ein psychosomatisch determiniertes Geschehen ist.

unterschwellige psychische Repräsentanz besitzen – nämlich im Zustand längerer Leere oder an der Grenze der Sättigung –, durch das Überschießen einer Funktion einen bestimmenden und spezifischen Einfluß auf die Charakterbildung erhält. Das Ich wird in hervorstechender Weise durch Sensationen beeinflußt, mit denen sich eine Organfunktion, die Übersekretion, psychisch zu repräsentieren vermag; also durch Hunger. Er wird realitätsentsprechend gestillt; die Sicherungen gegen die im Hunger sich ankündigenden Gefahren werden durch Vorkehrungen erreicht. Der Patient baut sich eine Art Tischlein-deck-dich-Welt auf. Die Aktion gegen die Unlust bleibt auf der Ebene psychischer Vorgänge und eines aus diesen Erlebnissen gesteuerten Verhaltens. Man erkennt, daß dieses zum Essen Getriebenwerden etwas Zwanghaftes enthält; es stellt eine Abwehr von Vitalangst (Verhungerungsangst) dar. Die Sequenz: Wahrnehmung – Empfindung – Verhalten als solche ist nicht gestört. Das geschieht erst unter der zweimaligen Bedrohung seines Sicherungssystems gegen orale Unlust. Jetzt heißt die Sequenz: Wahrnehmung (Trauma) – Empfindung (Vitalbedrohung, Verhungerungsangst, was Verlustangst überhaupt anzeigt) – Symptom (heftiger Magenschmerz).
Unter der massiven Bedrohung des Systems der Gratifikationen treten die Repräsentationen der Sekretionsleistung – die Hungergefühle – zurück. Was jetzt am Magen geschieht, ist die autoplastische Überwältigung der Magenfunktionen durch ohnmächtige Wut. Der Magen »verkrampft« sich; und dieses psychosomatische Affektkorrelat macht seinen Einfluß gegen die gleichzeitigen repressiven Wünsche nach Nahrung = Schutz in großer Notlage geltend. Dieser widersprüchlichen, gleichzeitig ergotropen und trophotropen Innervation ist das Organ nicht gewachsen. Es bildet sich die Funktionsanomalie mit der psychischen Repräsentation »Schmerz« heraus. – Dies waren die konstituierenden Elemente für die *Chronifizierung* der Krankheit.
Als dem Patienten die Nahrungsquelle weggenommen wird, reagiert er im Stile eines infantilen Wutausbruchs, in dem sowohl primär an der Desomatisierung gehinderte Erregungsqualitäten wie auch regressiv sich resomatisierende Affekte beteiligt sind. Zweifellos ist bei dem Kranken die infantil-orale Charakterstruktur von Zügen ebensolcher infantiler Analität

durchsetzt. Das ist daran abzulesen, daß sein Trotz nicht zu brechen war. Der Kranke regredierte in die passiv infantile Haltung eines Empfängers von Rente und Geschenken der Nichte. Und wie er den Trotz nicht aufgeben kann, so kann er auch sein Symptom nicht mehr abschütteln. Beide haben einen Zustand von sich selbst verstärkender Automatisierung erreicht. Es sieht so aus, als ob ein emotioneller Erregungszustand im Unbewußten Dauerspuren hinterlassen, eine definitive »Programmierung« des widersprüchlichen Affektkorrelates stattgefunden hätte.

Eine andere Studie, in der wir die Entstehungsgeschichte der Störung der Regelblutungen (sekundäre Amenorrhoe) zu verfolgen bestrebt sind, hat erwiesen, daß die Vermeidung primitiver Inzestwünsche in einem sonst heftig unterdrückenden, sexualfeindlichen Milieu eine ähnlich bestimmende Rolle spielte. In einer ersten Phase organisierte sich das Ich unter dem Einfluß sehr terroristischer Über-Ich-Verbote. Es kam zu einer weitgehenden Verleugnung der Wahrnehmung sexueller Inhalte, sei es eigener sexueller Bedürfnisse, sei es sexueller Phänomene der Außenwelt. Eine diese Abwehr durchbrechende Konfrontation mit der sexuellen Realität, die Begegnung mit einem Exhibitionisten, wirkte dann so traumatisch, daß eine Veränderung der zyklischen Leistungen des weiblichen Sexualorganes, eine sekundäre Amenorrhoe, sich entwickelte. Durch autoplastische Veränderung der Organfunktionen wurde die Verleugnung auf der Ebene somatischen Geschehens fortgesetzt, nachdem sie mit psychischen Mitteln auf der Ebene der Realitätswahrnehmung nicht mehr aufrecht zu erhalten war. Möglicherweise ist bei diesen Patienten das zyklische hormonelle Geschehen durch genetische Anlagefaktoren leichter beeinflußbar oder verwundbar, als es normalerweise der Fall ist. Den Charakter eines spezifischen Signals, das eine Gefahr anzeigt, erwirbt diese Verwundbarkeit jedoch erst, wenn dem Ich kein anderer Anpassungsweg für die Abwehr von angsterweckenden Erfahrungen mehr offen zu stehen scheint. Erst jetzt hat sich die spezifische Bedingung für eine sekundäre Amenorrhoe hergestellt. Die psychosomatische Störung steht nach wie vor im Dienste der psychoneurotischen (vom sozialen Milieu erzwungenen) Charakterentwicklung.

Die »Nachverdrängung« wird also nicht nur als *psychischer*

Abwehrmechanismus wirksam, sie erreicht über unbewußt bleibende Korrelate auch Organfunktionen – bis hin zur irreversiblen Leistungsstörung. Da Krankheiten die Tendenz haben, unter dem Einfluß ungelöster psychischer Konflikte und in der Rolle einer Ersatzfunktion von Triebbefriedigungen sich selbständig zu machen, entsteht daraus alsbald eine neue Gefahr, die man mit dem Begriff der *Zerreißung des psychosomatischen Simultangeschehens* andeuten kann. Unter dem Eindruck des intrapsychisch wirkenden Streß wird biologischen Prozessen Vorschub geleistet, die nicht mehr einer Gesamtsteuerung des Organismus unterstehen. Die nunmehr sich entwickelnden Symptome haben den Charakter von »Notfallfunktionen« psychosomatischer Art; sie verhindern um den Preis der Krankheit, der lokalisierten Symptomatologie, den Zusammenbruch der Gesamtstruktur der leib-seelischen Persönlichkeit. Die Folge sind schwere Krankheiten, oft tödliche, weil dem Ich, bewußt-unbewußt, die Hoffnung verloren gegangen ist, durch das Symptom noch eine Verbesserung seiner Lage zu erreichen. Auf mehrfache Weise tritt dann der Zerfall des psychosomatischen Simultangeschehens ein; lokale Effekte der Funktionsstörung oder degenerative Prozesse und narbige Veränderungen beschwören definitive Folgezustände und Leistungsstörungen herauf, sobald das Ich die Belastungen, denen es sich gegenüber sieht, nicht mehr ertragen zu können glaubt. Es ist die Physiologie der Hoffnungslosigkeit, mit der wir es hier zu tun haben, und es wäre ein Irrtum, sie einseitig konstitutionellen Faktoren zuzuordnen und nicht in Betracht zu ziehen, daß die Anlagefaktoren erst unter den sozial erworbenen Verhaltensweisen, in den früh erworbenen Objektbeziehungen also, einen spezifischen Stellenwert im psychosomatischen Gesamtgeschehen einer Person bekommen. Schließlich sind es neue Traumen, die den Zustand der Hoffnungslosigkeit, das Erlebnis des Aufgegebenseins und des Aufgebens, wie Engel es formuliert hat, hervorrufen und die auf dem Boden der bereits fixierten Charakterstruktur die chronische Krise, den chronischen Konflikt mit der Physiologie der Hoffnungslosigkeit erzeugen.

IV. Repetition I: Psychoanalytische Anmerkungen zur psychosomatischen Krankheitsentstehung

1. Skizze der theoretischen Prämissen

Es besteht wirklich kein Anlaß, sich vor Repetitionen in acht zu nehmen, solange die Konzepte, von denen die Rede ist, noch nicht zuende gedacht sind. Neben dem Giganten der konventionellen Medizin mutet die psychosomatische durchaus unentwickelt an. Dennoch ist das, was sie entdeckt hat, die Bedeutung der sozialen Interaktionen für Gesundheit und Krankheit, nicht zu unterschätzen. Wer aus der verschwindend kleinen Zahl systematisch psychosomatisch arbeitender Ärzte schlösse, sie bearbeiteten einen Nebenschauplatz der Medizin, würde irren.
Die Crux der psychosomatischen Medizin ist die Unabsehbarkeit der Krankheitsereignisse, mit denen sie es zu tun hat. Die Erreger infektiöser Erkrankungen sind uns ziemlich vertraut. Welche sozialen Faktoren zu seelischer Verkrüppelung und chronischem Siechtum der Individuen beitragen, ist noch unbekannt, und zwar deshalb, weil die These, man werde die sozial vermittelten Krankheiten in den Griff bekommen, indem man lernt, den Möglichkeiten menschlicher Symptombildung durch Drogen und durch operative Techniken Schach zu bieten, nicht stimmt. Während die Medizin in ihrem Hauptfeld mit dieser palliativen Therapie sich keineswegs zufriedengibt, begnügt sie sich im seelischen Bereich mit weit fragwürdigeren Maßstäben, zu unser aller Schaden, weil eben nicht mehr die Infektionskrankheiten und nicht mehr die Altersleiden, die noch vor hundert Jahren die Menschheit plagten, diejenige Krankheitsgruppe darstellen, von der die größte Bedrohung ausgeht.
Zunächst ist festzustellen, daß die Abgrenzungen unklar sind. Welche sozialen Konstellationen müssen gegeben sein, damit eine pathologische Reaktion eintritt, und welche, damit eine pathalogische Reaktion wieder verschwindet – z. B. im Laufe der Reifungsschritte – und nicht in Chronizität endet? Eine

zweite Frage ist nicht weniger wichtig und nicht weniger unentschieden: Welche Krankheiten überhaupt sind psychosomatisch in dem Sinn, daß sie der Psychotherapie sich als zugänglich erweisen? Wobei unter Psychotherapie ein Verfahren verstanden wird, welches die Ich-Leistungen des Patienten zugunsten eines erweiterten Selbstverständnisses zu stärken sucht. Verbesserte Realitätseinschätzung soll zu einer angemesseneren Konfliktlösung befähigen.[1]

Medizin als angewandte Wissenschaft hat bisher unbesehen die anthropologischen Entwürfe, die sie in den verschiedenen Epochen vorfand, für sich übernommen. Seit dem gewaltigen Fortschritt, den die Entdeckungen Freuds auf dem Gebiete der Psychopathologie gebracht haben, ist sie zum ersten Mal in Führung gegangen. Sie entwickelt jetzt selbst eine Anthropologie, von der Sozial- und Geisteswissenschaften die Maßstäbe borgen. Dennoch kann sie natürlich nicht über alle Eigentümlichkeiten der menschlichen Existenz Aussagen machen. Die psychoanalytische Kompetenz reicht genau so weit, wie es ihr gelungen ist, eine psychoanalytische »Metapsychologie« zu entwickeln.[2] Wie jede Wissenschaft strebt die Psychoanalyse theoretisch formulierbare Aussagen an, in ihrem Fall über die Vorgänge im »psychischen Apparat«, im Falle organischer Er-

1 Es wäre interessant und mag als Anregung für ein Forschungsvorhaben genannt werden, die Wirkungsweise der sogenannten »zudeckenden« Psychotherapien der hypnotisch-suggestiven Verfahren, die sich neuerdings auch halluzinogener Drogen bedienen, zu studieren – nicht nur ihre Wirksamkeit laut zu propagieren. Das würde über eine Analyse der Anpassungsleistungen tief in Anthropologie- und Ideologieforschung hineinführen. Schon deshalb verbietet sich das Unterfangen für unsere bescheidenen Absichten.

2 »Wir werden es nicht unbillig finden, die Betrachtungsweise, welche die Vollendung der psychoanalytischen Forschung ist, durch einen besonderen Namen auszuzeichnen. Ich schlage vor, daß es eine *metapsychologische* Darstellung genannt werden soll, wenn es uns gelingt, einen psychischen Vorgang nach seinen *dynamischen, topischen* und *ökonomischen* Beziehungen zu beschreiben.« (S. Freud, *Ges. Werke,* Bd. X *[Das Unbewußte],* S. 281) Um noch den mißverständlichen Begriff »Topik« klarzustellen: »Unsere psychische Topik hat vorläufig nichts mit der Anatomie zu tun; sie bezieht sich auf Regionen des seelischen Apparates, wo immer sie im Körper gelegen sein mögen, und nicht auf anatomische Örtlichkeiten.« (ib., S. 273) Einen bedeutungsvollen Fortschritt in der Systematisierung psychoanalytischen Wissens brachte die Untersuchung von David Rapaport: *Die Struktur der psychoanalytischen Theorie,* Stuttgart 1961. Vgl. auch Robert Waelder: *Die Grundlagen der Psychoanalyse,* Stuttgart 1963; der zweite Teil dieses Buches enthält eine »Übersicht und Darstellung der grundlegenden Begriffe«.

krankungen über »Triebschicksale«.[2a] Wir haben in Kapitel III den Zusammenhang zwischen psychoneurotischen bzw. charakterneurotischen Erkrankungen einerseits und psychosomatischen andererseits unter dynamischen und genetischen Gesichtspunkten skizziert. Der Fall, den wir herangezogen haben, ist ein Musterbeispiel; die Daten, mit denen wir in der alltäglichen Praxis konfrontiert sind, nehmen sich in den allermeisten Fällen wesentlich komplizierter aus. Es ist die Aufgabe einer Metapsychologie, theoretische Formeln oder Modelle zu entwickeln, in denen diese pathologischen Prozesse möglichst vollkommen, möglichst unter Beibehaltung ihrer zunächst widersprüchlich erscheinenden Tendenzen beschrieben werden können. Wie wichtig solche Theoriebildung auch für die Therapie ist, geht aus einer lapidaren Empfehlung hervor, die Freud einmal gegeben hat: »Ich möchte Ihnen raten, Ihren therapeutischen Ehrgeiz zu vergessen und zu verstehen, was wirklich geschieht. Wenn Sie das getan haben, wird die Therapie schon von alleine kommen.«[3]

Der Psychoanalytiker darf bei seiner Arbeit nie vergessen, daß »Trieb« ein heuristischer Begriff ist. Wir erleben nicht Triebe, sondern deren psychische Repräsentanz, ihre Abkömmlinge als Motivationen, Bedürfnisse, Zielvorstellungen. Triebe schaffen die Vital*struktur* und die *Dynamik* der vitalen Grundbedürfnisse. Sie werden nur zu einem Teil bewußt; viele ihrer Aspekte dürfen entsprechend den jeweils geltenden gesellschaftlichen Verhaltensnormen nicht bewußt werden. Sie verwirklichen sich unter dem andauernden Repressionsaufwand des Ich. Darin zeichnet sich ein spezifisches »Triebschicksal« ab, das eng mit der Pathogenese neurotischer und psychosomatischer Krankheiten verknüpft ist.

2a Von dem Triebpaar Sexualität und Aggression kennen wir nur die eine Komponente, die Sexualtriebe, einigermaßen ausreichend: »Ihrem Entwicklungsgang entsprechend hat uns aber die Psychoanalyse bisher nur über die Sexualtriebe einigermaßen befriedigende Auskünfte bringen können, weil sie gerade nur diese Triebgruppe an den Psychoneurosen wie isoliert beobachten konnte.« (S. Freud, *Ges. Werke,* Bd. X *[Triebe und Triebschicksale]*, S. 218) Das Schicksal, welches die Aggressivität unter den sozialen Bedingungen erfährt, ist, wie die Unbeherrschbarkeit kollektiven Dranges, seinesgleichen in Kriegen zu vernichten, beweist, in Dunkel gehüllt.

3 Zitiert bei Fritz Redlich: *Die Psychoanalyse und das Wertproblem,* in: *Psyche XIII,* 1959, S. 495.

Triebäußerungen sind ihrer Natur nach psychosomatisch, die Erregung, die sie bewirken, ist eine nervöse und eine erfahrene, erlebte Unruhe. Die dem »Trieb« innewohnende Dynamik stößt auf Widerstände der sozialen Umwelt, des eigenen Gewissens (Über-Ich) und schließlich auf die kritische Einstellung des Ich. In der Dialektik zwischen Triebspannungen und den Einstellungen des sozialen Milieus zu ihnen werden die Stimmungen und Verstimmungen erzeugt. Sie sind für Lebenslust oder -unlust entscheidende psychosomatische Verlaufsgestalten. Je entwickelter die Persönlichkeit, desto stärker hängt eine Stimmung oder Gestimmtheit auch von der Billigung des bewußten kritischen Ich ab. Das Ich kann dann ihm plötzlich sich aufdrängende Stimmungen zurückweisen, ist ihnen nicht widerstandslos ausgeliefert. Manie und Melancholie enthalten in extremer Weise Stimmungen, denen das Ich nicht zu widerstehen vermag.

Seinem Bedürfnis nach Genauigkeit folgend, formulierte Freud einmal: »Einer gleichförmigen Ausdrucksweise zuliebe wollen wir die Tatsache, daß ein Trieb nicht befriedigt werden kann, Versagung, die Einrichtung, die diese Versagung festlegt, Verbot, und den Zustand, den das Verbot herbeiführt, Entbehrung nennen.«[4] Die Analyse der triebhaften Vitaläußerungen kann gar nicht stattfinden ohne Einbeziehung der sozialen Konventionen, die sich diesen Vitalkräften entgegenstellen. Hier werden Versagungen bereitet und Entbehrungen erlitten. Und indem wir derart »Triebschicksale« erforschen, erweitern wir unsere Beobachtungsbasis. Denn aus religiösen Gründen oder unter dem Druck irdischer Sanktionen verzichten und entbehren wir als leibhaftige Wesen und nicht als Geister. Das Individuum soll sich sozialen Ordnungen – ökonomischen, rechtlichen, religiösen – anpassen. Die Widersprüche, auf die es trifft – außerhalb seiner selbst, in sich selbst – lassen sich nur selten ganz und gar schlichten. Die Identifikationen, die das Individuum vollzieht, geraten dabei miteinander in Kollision. Aus dieser weit mehr unbewußt bleibenden als bewußt werdenden Erfahrung vielfältiger Konflikte entstehen, gemäß den erweckten Affekten und Stimmungen, fortwährend Modifikationen des psychosomatischen Simultangeschehens. Mögen die Entbeh-

4 Sigmund Freud, *Gesammelte Werke* Bd. XIV *(Die Zukunft einer Illusion)*, S. 331.

rung, die aus dem Verbot, die Schuld, die aus der Übertretung des Verbotes entstehen, wie immer geartet sein, im Grunde ist der unabwendbare Verlauf in allen Fällen der gleiche: Triebspannungen rufen Affekte wach, bewegen das Individuum zu dem Verhalten, das den Triebwunsch zu befriedigen verspricht. Erfährt es Versagungen aus Zurückweisungen und Verboten, so schlägt die Stimmung um; doch noch in dieser Proteststimmung, in Zorn und Wut, ist die Hoffnung enthalten, die erstrebte Befriedigung zu erlangen. Dieser Erlebnisverlauf, in dem ein Individuum hofft, nach etwas strebt, enttäuscht wird, protestiert, plant und neue Anläufe zur Verwirklichung seiner Wünsche unternimmt, ist mit erheblichen Schwankungen physiologischer Prozesse, mit natürlicher Unruhe verbunden. Erst wo Resignation sich ausbreitet, Hoffnungslosigkeit, entsteht eine physiologische Monotonie, die unnatürlich ist. Und diese Physiologie der Hoffnungslosigkeit scheint der Nährboden für eine Reihe pathologischer Reaktionen zu sein: Fehlregulationen, Verminderung der Abwehrkräfte usw. Es gibt aber auch die gegenteilige Grenzsituation, in der pathologische Anforderungen an den Organismus gestellt werden, sei es aus einer permanenten Selbstunsicherheit und Angst, sei es aus der Abwehr unbewußter Schuldgefühle. Diese permanente Überbelastung kann in eine »Insuffizienz-Kaskade« (Paul Rossier) einmünden, die eine Reihe von Notfallreaktionen des Organismus in Gang setzt und Zustände schafft, aus denen keine Rückkehr in ein normales Gleichgewichtssystem möglich ist. In derartigen Fällen sprechen wir von Zerreißung des psychosomatischen Simultangeschehens. Damit entrückt sich dieses Geschehen der normalen biologischen Unruhe, dient nur noch biologischen Selbsterhaltungsprozessen, die partikulär sind und einzig dem einzelnen Organ oder Organsystem, nicht mehr dem übergeordneten Organismus nützen. Allegorisch könnte man von einem Partialnarzißmus einzelner Zellsysteme, z. B. im Fall des krebsigen Wachstums, sprechen. Ist es einmal zu solchen Zerreißungen gekommen, dann ist auch jene Grenze erreicht, an der die Möglichkeit psychoanalytischer Therapie erlischt; diese Form der Desintegration vermag sie nicht zu beeinflussen.

Der Analytiker scheut sich, erfolgreiche Behandlungen vor einem größeren Kreis ihrem Hergang nach zu beschreiben. Dem unbefangenen Leser geht es ebenso wie den Patienten; sie halten das, was sie hören, bzw. was sie als Zusammenhänge erkennen, zunächst für unglaubhaft. Die unserem rationalen Ich nicht unterstehenden psychischen Prozesse sind zu »fabelhaft«, als daß ein unmittelbares Verständnis für sie zu erwarten wäre. (Dann wäre im Grunde ja auch die Notwendigkeit nicht gegeben, diese Inhalte von den normalen Bewußtseinsinhalten streng abgesondert zu halten.) Die Krankheit von Fräulein U., 32 Jahre alt, Chefsekretärin, geschätzte und fähige Arbeitskraft, wird hier erwähnt, weil sie, ähnlich wie die des 75jährigen Ulcus-Kranken, die wir bereits besprochen haben, ein Phänomen in scharfem Umriß erkennen ließ. Im Fall von Fräulein U. erscheint das Trauma in einem eindrucksvollen lebensgeschichtlichen Zusammenhang. Erst diese Verknüpfung von akutem Ereignis und präsent gebliebenen und hochgradig besetzten unbewußten Eindrücken läßt einen außergewöhnlichen äußeren Vorfall zum psychisch relevanten Trauma werden.

Fräulein U. wird in ihrem Büro von einer Explosion überrascht; die Druckwelle reißt sie vom Stuhl und wirft sie gegen die Wand. Sie ist, wenn überhaupt, nur kurz bewußtlos. Natürlich hat sie einen Schock erlitten. Nach einer Woche wird sie aus dem Krankenhaus entlassen, doch treten bald heftige Kopfschmerzen und Schwindel auf, die sie monatelang arbeitsunfähig machen. Schließlich scheint den behandelnden Ärzten zwischen objektivem Unfallgeschehen und den Beschwerden eine solche Diskrepanz zu herrschen, daß sie Fräulein U. dem Psychosomatiker vorstellen. Die ausgezeichneten Zeugnisse der Arbeitgeber und das ganz und gar dezente Auftreten der Patientin haben lange nicht den Verdacht einer Aggravation aufkommen lassen. Aggravation bedeutet nach geläufigem Sprachgebrauch die willkürliche Erlebnisverstärkung oder gar Vortäuschung von Beschwerden, die als Unfallfolgen gelten dürfen. Man traut Fräulein U. auch einen milden Betrug nicht zu, kann aber auch dem »Trauma« Explosion nicht die geschilderten Zustände zuschreiben.

Die anderthalbjährige psychoanalytische Behandlung erbringt Material, das uns erlaubt, das Explosionserlebnis in einen traumatischen Entwicklungszusammenhang zu bringen bzw. verschiedene in verschiedenen Zeiten aufgetretene Traumen in einem Wirkungszusammenhang zu sehen. Die durch die Analyse gewonnenen Aufschlüsse werden hier sehr verkürzt wiedergegeben: Mit sechs oder sieben Jahren wurde Fräulein U. nach einem anfänglich harmlosen Nachlaufspiel von einem sechzehnjährigen Vetter mit dem Körper gegen eine Mauer gedrückt. Sie spürte die genitale Berührung, war blitzartig von einem ihr fremden Gefühl, das sie jetzt als sexuelles bezeichnet, überflutet, das sofort in eine Panik umschlug, als der Vetter sie nicht freigab. Das Erlebnis, vor allem seinen Gefühlsgehalt, hatte die Patientin völlig vergessen. Es tauchte wieder auf, als sie in der Lage war, eine häufig sich wiederholende Szene aus ihrer Tätigkeit mit dem vollen Gefühlsgehalt, den sie in ihr erweckte, zu erinnern und zu formulieren. Wenn sie zum Diktat gerufen wurde, mußte sie sich zwischen der Wand und dem Stuhl des Chefs hindurchzwängen, um zu ihrem Platz zu kommen. Im Fortgang der Analyse gestand Fräulein U. sich allmählich ein, daß sie in ihren acht Jahre älteren Chef verliebt ist. Sie vermeidet jeden Gedanken daran. Trotzdem drängte sich ihr halb bewußt und wie in einer momentanen Exposition immer wieder das Phantasiebild auf, der Chef stehe auf, wende sich im Augenblick ihres Vorbeigehens um und halte sie liebevoll und stürmisch fest, während sie sich ganz an die Wand zurückziehe. Nichts dergleichen war jemals wirklich vorgefallen. – Schließlich ist noch zu erwähnen, daß die Patientin in ihren intimen Beziehungen frigide war, was sie nur vage mit der Bemerkung erklärte, der Partner sei ihr jeweils in der Intimsituation nicht als »der richtige« erschienen. Diese sich ihr plötzlich gegen ihre vorangegangene Verliebtheit aufdrängende Einsicht veranlaßte sie jedes Mal, sich so rasch wie möglich zurückzuziehen.

Die Explosion schaffte also mit Rücksichtslosigkeit – einer unbewußt ersehnten Rücksichtslosigkeit – eine traumatische Situation, die einer nachdrücklich herbeigewünschten, in Phantasien häufig ausgekosteten sehr nahekommt; und die ihrerseits die Reminiszenzen eines infantilen, sehr ambivalent erlebten Genitaltraumas in sich aufnimmt. Die vollständige Wiedergabe der Symptomgenese kann hier nicht unsere Aufgabe sein, auch nicht die der Therapie. Als die Patientin mit ihrer Erinnerungsarbeit so weit vorangekommen war, daß sie die Zusammenhänge so überblicken konnte, wie sie hier dargestellt wurden, waren ihr Kopfschmerz und die übrigen vegetativen Stigmata verschwunden und blieben es in einer Katamnese von mehr als zehn Jahren.

Den psychischen Traumen, denen wir in der Pathogenese der Neurosen begegnen, liegt regelhaft eine Erfahrung zugrunde, die zunächst als Schrecken, Angst – tendenziell sogar Todesangst – beschrieben wird; die Beimischung lustvoller Erlebnisse wird, nicht minder regelmäßig, erst viel später bewußtseinsfähig, wenn sich die Toleranz des Ich für die Betrachtung bisher abgewehrter Erfahrungen und Ereignisse verbessert hat. Freuds Differenzierung am psychischen Trauma betraf vornehmlich drei Merkmale. Ein im späteren Leben erfahrenes Trauma, das zu neurotischen Reaktionen Anlaß gab, ist im bewußten Erleben regelhaft mit einem infantilen Trauma verknüpft, das vor allem deshalb als Konflikt empfunden wurde, weil es widersprüchliche Gefühle in gleicher Heftigkeit erweckt hatte. Die Traumen, die durch die Eltern und Eltern-Imagines verursacht werden, greifen tief in die Entwicklung der infantilen Sexualität ein; sie spielen sich in dem normalen Konfliktbereich zwischen Eltern und Kindern ab, das heißt im Bezugsrahmen der ödipalen Auseinandersetzungen. Von neurotisierendem Trauma ist, entgegen der allgemeinen Auffassung, nicht dann zu reden, wenn ein Trauma besonders schwer, das heißt besonders angsteinflößend war, da es in diesen Fällen gewöhnlich eine lustvolle Erfahrung so überschattet, daß ihr keine Wichtigkeit zukommt. Traumen dieser Art klingen nach dem Schockeffekt in ihrer Wirkung ab. Anders Traumen, welche die Ambivalenz der Gefühle in einer Weise erwecken, denen das Ich in seinen integrativen Funktionen noch keineswegs gewachsen ist. Dann werden die Erinnerungen an diese Ereignisse verdrängt, und es wird insbesondere der Affekt vom Inhalt getrennt, vor allem jener Affekt, der Sozialangst hervorruft, die Angst vor Verboten der entscheidenden Beziehungspersonen in der Umwelt.

Psychische Entlastung durch Anwendung z. B. des Verdrängungsmechanismus ist keine in der objektiven Realität. Doch sie befreit von Fluchtunruhe und Schuldangst in Situationen wie denen der Kindheit, in denen Flucht gar nicht möglich wäre und Schuld nicht auf das Verständnis der Umwelt zählen könnte. Dieser ungenügenden Entlastung steht allerdings eine mögliche Belastung gegenüber. Es können nämlich Traumen vom psychischen Apparat als real wahrgenommen werden, die in Wahrheit in der objektiven Realität gar nicht existieren, sondern Phantasiegebilde sind. Das läßt sich beispielsweise an Fräulein U.'s Phantasie aus dem Erwachsenenalter ablesen. Die Vorstellung, ihr Chef erwidere endlich ihre Verliebtheit, ist nicht nur beglückend, sie erweckt auch Scham- und Schuldgefühle und heftige Angst, wie sie im Primärtrauma mit dem Vetter erlebt wurde. Der körperlichen und seelischen Verwundung, die im vollen Bewußtsein und konfliktfrei erlebt wurde, kann Heilung folgen, sobald die erschreckende Wirkung abklingt. Anders bei den abgewehrten Traumen: sie steuern das Triebverhalten auf unbewußten Wegen und verbünden sich, wie im Falle Fräulein U.'s dargestellt, mit späteren traumatischen Erlebnissen; sie drängen also gegen die Verdrängungsschranke an und erstreben die natürliche Erledigung der affektiven Erregung.

Mit der Verknüpfung des aktuellen und infantilen Traumas ist ein unvergleichlicher Fortschritt im Verständnis der Psychoneurosen erzielt worden. Freud eröffnete damit überhaupt einen methodischen Weg zur Erhellung jener seelischen und leib-seelischen Prozesse, die die psychische Gestalt oder die psychische Struktur des Individuums von der frühesten Kindheit an formen. Was in der Lehre vom Trauma zu überwinden war, war die naive Operation mit einer Hypothese der Objektivität. Es war nämlich naiv, das Trauma so isoliert zu betrachten wie eine Infektion oder eine Vergiftung. Nachdem aber die biologische Forschung zu differenzieren gelernt hatte, so daß sie heute z. B. pathogene Erreger in einem dynamischen Verhältnis zur Resistenzstärke des Organismus sieht, konnte und mußte ein gleiches mit der Lehre vom Erlebnistrauma der Psychoanalyse geschehen. Ein dem prägnanten Begriff Trauma vergleichbares Wort für den breiteren, schwerer faßbaren Vorgang der Lebensbeeinflussung, der schließlich krankmachend wirkt, fehlt uns. Man darf sich unter Trauma nicht zu stereotyp ein Einzelereignis vorstellen. Auch ein ganzes Geflecht von unbewußten Haltungen, aggressiven Neigungen und deren Rationalisierung, oder die Aura eines Charakters, mit dem das Kind von seiner Geburt an zusammenzuleben gezwungen ist, kann traumatische Züge besitzen. Immer ist es die Ambivalenz der Einstellungen, die einen traumatischen Intensitätsgrad annimmt. Doch auch dieser erweiterte Traumabegriff, dem auf der Seite der Realität weniger der »Unfall« als das »Milieu« entspricht, gewährt uns noch keine volle Einsicht in die Dynamik, die zwischen bewußten und unbewußten Vorgängen waltet und schließlich in eine psychoneurotische oder psychosomatische Symptombildung einmündet.

Es geht nicht an, die relative Schwere eines Traumas oder die lange sich hinziehende Einwirkung eines schweren Ambivalenzkonfliktes pauschal für die Pathogenese verantwortlich zu machen. Als auf den zeitlichen Zusammenhang von Verlobung und Entlobung mit dem Auftreten einer Lungentuberkulose aufmerksam gemacht wurde[5], hat man gegen diese Deutung das Argument ins Feld geschickt, daß sich ungleich mehr Menschen unglücklich verloben und unter schweren seelischen Kämpfen wieder entloben, als dabei tuberkulös erkranken; der Einwand ist keineswegs leichtzunehmen. Es scheint legitim, mit dem Schritt zu spezifischer menschlicher Bindung, nämlich einer, welche die genitale sexuelle Beziehung einschließt, etwas einem Trauma Vergleichbares verbunden zu sehen, und zwar dann, wenn dieser Schritt in der Richtung einer genital-sexuellen Beziehung an traumatische infantile Vorerfahrungen anknüpft und die Verletzung tabuierter Erfahrungen und Handlungen in Aussicht stellt. Ist die Berührungsangst so groß, daß die Abwehr eine ansteckende Krankheit wie die Tuberkulose ins Spiel bringt, muß man eine sehr genaue Kenntnis des Motivkonflikts haben, der eine derartige Pathogenese wahrscheinlich macht. Die Tuberkulose ist übrigens ein Sonderfall. Viele spontane Beobachtungen, die wir in der Literatur finden, zeigen uns, daß die Erkrankung im Zusammenhang mit seelischen Traumen seit langem wahrgenommen wurde. Die Zurückführung der Pathogenese auf ein infantiles, hochgradig mit Angstlust, Schuldgefühlen, Kastrationsängsten besetztes infantiles Sexualtrauma wird immer wieder als besonders materialistisch und plump zurückgewiesen, da doch in der Selbsterfah-

5 Heinrich Hübschmann: *Psyche und Tuberkulose*, Stuttgart 1952.

rung der Beteiligten die Gefühle hochgespannt und die innere Rechenschaft, die sie sich zu geben bemühen, eher skrupulös sei und auf geistige Qualen zu verweisen scheine. Versucht man, genetische Zusammenhänge zu verfolgen, die spezifische Triebschicksale erkennen lassen, so mindert dies nicht die Bedeutung moralischer und deutlich sublimer Erfahrungen der Menschen, die von inneren Konflikten erschüttert sind. Je mehr wir beides, die Triebwirklichkeit und die »geistige« Welt, als Realität anerkennen, desto sicherer dürfen wir sein, daß die Abwehr primärprozeßhafter Triebansprüche, die sich auch in der Sublimierung ausdrückt, weniger der Aufrechterhaltung eines neurotischen Vermeidungszwanges dient, als vielmehr selbst Befriedigung zu vermitteln vermag. Durch neue Erkenntnisse sehen die meisten Menschen – unsicher in ihrem inneren Gleichgewicht – »etwas Kostbares bedroht«; sie glauben, die neue Erkenntnis werde die Menschheit »um ihr hohes Selbstgefühl bringen, ihre gute Meinung über sich selbst beeinträchtigen oder ihr etwas nehmen, das ihr besonders teuer ist. Dieses ›Etwas‹ ist fast immer von ästhetischer, ideeller, ethischer oder religiöser Natur, also etwas, das der Mensch als sein höchstes Gut schätzt. Keats etwa hatte Angst, daß die Erkenntnis, die man mit Hilfe der Spektralanalyse über den Regenbogen gewonnen hatte, den ästhetischen Genuß, den ihm dieses Phänomen bereitete, beeinträchtigen oder sogar zerstören könnte. An diesem Beispiel sehen wir, daß sich solche Befürchtungen mit der Zeit immer als illusorisch erweisen.«[6] Wenngleich durch die Schwierigkeiten, die dem Ich erwachsen, und die Analyse der Schwierigkeiten, die dem Ich bei der Anpassung an neue Stufen der Triebentwicklung erstehen, keine Erniedrigung des Menschen betrieben wird, so ist damit doch nur wenig über die psychosomatische Spezifität der Pathogenese ausgemacht, die in unserem Beispiel über den Zusammenbruch der Immunitätslage, das heißt der physischen Abwehrkräfte, zur Aktivierung einer tuberkulösen Erkrankung führen kann. Immerhin sind wir einen Schritt weiter auf dem Weg zur Berücksichtigung von »Gesamtsituationen« (G. von Bergmann), die uns große Kliniker so eifrig empfohlen haben und worin sie uns bisher nur zögernd vorangegangen sind.

Es genügt also nicht, die Aktualsituation, den gegenwärtigen

6 Ernest Jones: *Was ist Psychoanalyse?*, München 1967, S. 19.

Konflikt zu kennen, sondern man muß erforschen, was an ihm nicht psychologisch verstehbares Schicksal (Zufall) und was nur scheinbarer Zufall, was Arrangement, unbewußtem Verlangen entsprechende Wahl des Schauplatzes und des Dramas selbst ist. Dies kann nur eine Methode leisten, die einen Zugang zu dem inneren Geschehen eröffnet, in welchem Antriebe, die auf Verbote stoßen, den Menschen zur Entbehrung zwingen, und in dem er in selbstverborgener Anstrengung die Notsituation doch noch im Sinne lusthafter Überwindung zu bewältigen sucht. – Bei der Bestimmung der psychosomatischen Dynamik der unbewußten Prozesse bei organisch Kranken kann uns eine Begriffsdifferenzierung helfen, die Franz Alexander eingeführt hat. Er unterschied drei Qualitäten des pathogenen Konfliktes: »1. äußere Konflikte, die auf äußeren Hemmungen beruhen, 2. Strukturkonflikte, die auf introjizierter Hemmung, d. i. Über-Ich-Reaktion beruhen, 3. Konflikte, die auf der Unvereinbarkeit gleichzeitig vorhandener, entgegengesetzter Triebe beruhen«.[7] Von ihnen war im Hinblick auf das seelische Trauma bisher die Rede. Alexanders Unterscheidung macht freilich auch deutlich, weshalb es uns oft rasch und vergleichsweise mühelos gelingt, somatische Symptome bei Kindern – etwa Erbrechen, Nabelkoliken, Asthma – zu beseitigen, sobald wir die unbilligen äußeren Hemmungen aufgefunden und gemildert haben, und sofern wir damit traumatisch wirkende Belastungen aufheben, indem wir zum Beispiel ein Milieu schaffen, in dem nicht unerträgliche äußere Härte die Bildung eines terroristischen Über-Ichs herausfordert. Sind aber einmal alle Entwicklungstendenzen des Kindes von der äußeren Bedrohung überschattet und bleibt es bei dieser Beeinflussung, so paßt sich die ganze Wachstumsdynamik diesen Grunderfahrungen und Verzichten an. Der an den verschiedenen Übergängen der Lebensepochen normalerweise geforderte Strukturwandel der Persönlichkeit wird dadurch erschwert und nur unvollständig vollzogen. Ein ausgezeichnetes Beispiel dafür ist die Anorexia nervosa bzw. mentalis.[8]

Gleichwohl würde man die Determinanten der »Gesamtsitua-

7 Franz Alexander: *Über das Verhältnis von Struktur- zu Triebkonflikten*, in: *Int. Zeitschr. f. Psychoanalyse*, Bd. XX, 1934, S. 35.

8 Helmut Thomä: *Anorexia nervosa. Geschichte, Klinik und Theorien der Pubertätsmagersucht*, Stuttgart 1961.

tion«, in welcher eine Krankheit erscheint, nur ungenau bestimmen können, wenn man nichts vom unbewußten Triebkonflikt selbst wüßte, bzw. davon, ob ein solcher in kritischer Stärke vorhanden ist. Alexander meint, daß diese Art Konflikt – etwa zwischen den Antrieben zur spontanen Aktivität und zur passiven Hinnahme – am ehesten an die durch Erbstruktur vermittelten »Begabungen« eines Menschen heranreicht; diese positiv wie negativ wirksamen Begabungen zu beeinflussen ist nur begrenzt möglich, wohl aber kann man die Tendenz korrigieren, sich ihnen allzu widerstandslos und selbstbezogen zu überlassen.

Um beim Beispiel aktiv-passiv zu bleiben, das in unserem Kulturbereich häufig mit der Typologie »maskulin-feminin« umschrieben wird: in den Entwicklungsphasen wird die primäre aktive oder passive Bedürftigkeit der Menschen von der Familie und der Gesellschaft sehr unterschiedlich beantwortet. Bald soll das Kind still sein, seine Aktivität hemmen, dann wieder soll es sie einsetzen und beweisen. Diese Auseinandersetzung mit der Umwelt hat zahlreiche Varianten und Nuancen. Ist das Antriebspaar aktiv-passiv in einem für die Anforderungen der jeweiligen Kulturnorm entsprechenden Mischungsverhältnis vorgegeben, wird es dem Individuum von klein auf verhältnismäßig leichtfallen, sich einzufügen. Werden beide Verhaltensweisen aus etwa gleich starken Antriebskräften gespeist, so sind Verwicklungen in der Gestaltung der Triebschicksale unvermeidbar, denn die Unvereinbarkeit der Gegensätze macht einen ungleich größeren Aufwand von Verdrängungsenergie notwendig. Das psychosomatische Gleichgewichtssystem wird eine viel entscheidendere Beeinflussung (das heißt auch organische Leistungshemmung oder Leistungsüberforderung) erfahren. Dies wird sich in einem pathologischen Strukturaufbau der psychosomatischen Einheit, des »Charakters« und seiner leiblichen Ausdrucksweisen, ebenso zeigen wie in der Unfähigkeit, die Belastungen und Krisen des normalen Strukturwandels in der Lebensentwicklung zu überstehen.
Die Komplexität der Vorgeschichte einer psychosomatischen Symptombildung verlangt eine angemessenere Berücksichtigung, als sie mit einer naiven Biographik, einer Phänomenologie der Situationsreihen zu leisten ist. Ohne Kenntnis der Psy-

chodynamik und der individuellen Varianten, insbesondere der infantilen Triebentwicklung, ohne eine ausreichende Kenntnis der Abwehrvorgänge im Ich und seiner integrativen Kraft, können wir uns nicht der entscheidenden Frage der psychosomatischen Forschung stellen: Welcher Art ist die spezifische Konfliktsituation im gegebenen Fall, und wie verhält sie sich zu den Konfliktsituationen, die wir bei Kranken mit gleichem Symptom beobachtet haben? Liegt Übereinstimmung, Vergleichbarkeit vor oder nicht?

Kehren wir noch einmal zu Alexanders Unterscheidung von äußerem Konflikt, Strukturkonflikt und Triebkonflikt zurück. Es interessiert uns, ob sich diese Konfliktarten, wenn es zur zweiten Phase der Abwehr und Resomatisierung kommt, in unterschiedlichen Affektkorrelaten ausdrücken, ja, ob sie überhaupt zu unterschiedlichen Krankheitstypen führen. Wir können die Frage nicht beantworten. Doch indem wir uns näher mit ihr befassen, wird uns klar, daß einem fast unerschöpflichen Spektrum von Erlebnistönungen, Empfindungen, Affekt- und Gefühlsabstufungen eine relative Armut an organischen »Antworten« entspricht.

Die folgende Überlegung könnte für die weitere psychosomatische Forschung Bedeutung gewinnen. Triebe haben ihnen zugeordnete Leistungssysteme als Erfolgsorgane. Insofern Triebe erlebt werden, kommt es zu Artikulationen, die die äußeren Erfolgsorgane alsbald über ihren »elementaren Funktionswert«[9] hinaus ausgestalten. Diese biologische Tatsache, daß ein Organ oder ein Leistungssystem (wie der Kreislauf) nicht nur Zwecken der Fortsetzung der Lebensprozesse dienen kann, sondern auch im emotionellen Erleben eine unersetzliche Rolle spielt, ist von elementarer Bedeutung für die psychosomatische Forschung und wurde bisher viel zu wenig beachtet. An dem Beispiel von Fräulein U. 's Kopfschmerzen konnten wir das erkennen. Da wir zu wenig von unbewußten Prozessen wissen (vor allem für ihre Wahrnehmung gar nicht geschult werden), erscheint es uns,wenn wir auf ihre Wirkungen stoßen, unglaubhaft, daß sie einen solch großen Einfluß, z. B. über die autonomen Regulationsmechanismen der Gefäße im Kopfbereich, auf seelische Konflikte nehmen können. Sobald wir vom Ergebnis

9 Adolf Portmann: *Um ein neues Bild vom Organismus*, in: *Festschrift für Karl Jaspers*, München 1953.

(Symptom) ausgehen, vom Kopfschmerz, und ihn ohne die sorgfältige Klärung der intermediären psychosomatischen Prozesse – z. B. ob ein Konversionsmechanismus oder der Mechanismus der Verschiebung von unten nach oben vorliegt – als Äquivalent eines Konfliktes im genitalen Bereich erklären, ist jedermann zur Frage berechtigt: Wo sind die Beweise? Zu dieser Frage ist man jedoch nicht berechtigt, wenn man Wißbares, erarbeitete psychologische Resultate, einfach nicht zur Kenntnis nimmt. Dies ist die Situation im Fall der allermeisten Ärzte, die sich gegen bestimmte Einsichten sträuben, weil sie ihnen persönlich zu schaffen machen.

Das Ausdrucksgehaben ist in der Tierwelt artspezifisch streng geprägt, etwa als Balzhandlung, Art der Beutebehandlung, Imponiergehaben, Demutsgebärde usw. Beim Menschen besteht eine weitgehende Gestaltungsfreiheit, ein physiognomischer und Verhaltens-Individualismus. Zum Beispiel sind das Essen und die Ausdrucksgestik, die es begleitet, sowohl vom aktuellen Hunger als auch von einem anerzogenen kulturspezifischen Eßstil bestimmt. Es repräsentiert aber auch, wie am Gastwirt zu zeigen war, eine spezifische Form konflikthafter Erregung und deren Bearbeitung. Damit ist die Tatsache gemeint, daß eine Handlung, die etwa der Stillung körperlichen Hungers dient, zugleich über diesen ihren »elementaren Funktionswert« hinaus die Befriedigung anderer Triebarten (z. B. einer aggressiven oder sexuellen Triebspannung) mitleisten und dieser Spannung Ausdruck geben kann. Derartige Überschichtungen der Leistungen sind der psychoanalytischen Theorie als »Verschiebung« oder »Ersatzhandlung« wohlbekannt. Wenn eine fettsüchtige Patientin die Gewohnheit hat, am Abend, nachdem ihr Mann zu seiner Geliebten gegangen ist – was sie in hilflose Wut versetzt –, sich in der Küche einen mit Speisen und Delikatessen reich bestellten Tisch zu bereiten, um ein langes, einsames »Liebesmahl« zu zelebrieren, so ist die stellvertretende Triebberledigung des Geschlechtlichen im Essen ebenso deutlich wie die pathologische somatische Antwort der Fettsucht. Weil Essen anderes bedeutete, als den physiologischen Hunger zu stillen, geschah auch anderes; es wurde mehr gegessen, als für den Energiehaushalt nötig war, es wurde in den Fettdepots potentielle, aber nur schwer mobilisierbare Energie gespeichert, wie die Kranke auch ihre Wut nicht in Vorwürfe oder Handlungen umzusetzen vermochte aufgrund ihrer schweren masochistischen Charakterstruktur. Die pathologische Leistungsökonomie bestand also darin, daß Triebunruhe, überschießende Triebenergie (infolge Entbehrung), in die Fettdepots überführt wurde. Insofern bedeutet nicht nur der Eßvorgang ausdrücklich mehr als Essen, sondern auch das Dickwerden: eine Mitteilung, wenn auch über Stoffwechselprozesse zur Darstellung gebracht.

Die am menschlichen Verhalten zu beobachtende und aus den untergründigen Motiven verständliche Leistung der Verschiebung der entlastenden Triebhandlung von einem Handlungs- und Erlebnisbereich auf einen anderen hat durch die Verhaltensforschung an Tieren eine derart weitgehende Bestätigung erfahren, daß man bei »Übersprunghandlungen« (displacement reactions) von einem den höheren Lebewesen eigentümlichen Umgang mit der biologischen Energie sprechen kann.[10] Portmann[11] weist darauf hin, daß das nervöse Gesamtsystem »klare, normale Bahnen zeigt, welche spezifisches, funktionell sinnvolles Verhalten sichern. Für erhöhte Spannung des Energiesystems aber stehen viele Varianten des Ablaufes bereit...«. Und er fährt fort: »Die Forschung wird wohl in Zukunft durch Auswertung dieses ›Displacement-Verhaltens‹ Wege öffnen, die das Eigenartige der menschlichen Möglichkeit des bremsenden Willens, der ›Beherrschung‹ deutlicher machen können.«

Genau dies ist die Aufgabe der psychosomatischen Forschung, nämlich aus Triebkonflikten stammende Mehrdeutigkeiten eines Verhaltens, z. B. des Essens, oder Ersatzhandlungen in ihrer Erlebnismotivation zu erkennen und in ihrer psychosomatisch simultanen Erscheinungsform zu studieren. Dabei ist das Phänomen des Willens besonderer Aufmerksamkeit wert. Er ist ein Ausdruck der Antriebsstärke, und gerade bei den Willensäußerungen läßt sich sehr gut beobachten, wie Antriebsarten ihre Energie tauschen und ausborgen können; dem entspricht die Zweiseitigkeit jeder Willenshandlung, die ablenkendes Antriebsgeschehen hemmen kann, um das in ihrer Zielvorstellung liegende zu forcieren.

Es scheint demnach so zu sein, daß nur konflikthafte Gefühls-

10 Vgl. N. Tinbergen: *The Study of Instincts*, Oxford 1951.

11 A. Portmann: *Die Bedeutung der Bilder in der lebendigen Energiewandlung*, in: *Eranos-Jahrbuch* XXI, Zürich 1953.

regungen (im Sinne des Trieb- wie des Strukturkonfliktes), die immer wieder von außen stimuliert werden und die eine spezifische Gestimmtheit hervorrufen (Schuldgefühle wegen verbotener sexueller Regungen, Scham, Hoffnungslosigkeit etc.), zu pathologischen Antworten des Körpers führen. Erst wenn Triebbefriedigung auf dem angestammten Wege und mit natürlich zugeordneten Objekten unmöglich ist, wird die Störungs- bzw. Toleranzgrenze der psychosomatischen Belastbarkeit erreicht und die pathologische, autoplastische Reaktionsform erzwungen. Eine besondere Bedeutung scheint dabei den Triebkonflikten zuzukommen, besonders wenn die für das Ich nicht schlichtbaren widersprüchlichen Einstellungen in ihrer Gegensätzlichkeit einen starken Einfluß auf die Charakterentwicklung genommen und rigide Abwehrmechanismen hervorgerufen haben, die nun eine positive Befriedigung nicht mehr gestatten. Die Praxis überzeugt uns davon, daß bei einer Vielzahl aktueller Situationen und dramatischer Szenen die zugrunde liegenden Konflikte nicht so vielfältig sind, sondern sich auf relativ wenige »Radikale« (um diesen Begriff aus der Chemie zu verwenden) verteilen. Das macht unter anderem Einfühlung erst möglich. In der Therapie wird der Weg von der dramatischen Ausgangsposition zum Struktur- und Triebkonflikt durchmessen. Dabei erweist es sich als nicht weniger schwierig, hinter einer Barriere von Bewußtseinsinhalten den unbewußten Grundkonflikt zu entdecken, denn hinter dem manifesten Trauminhalt den latenten zu ergründen. Und in dem Maße, in dem dies gelingt, ist eine Vorbedingung des Strukturwandels erfüllt, der bisher durch die Neurotisierung verhindert worden war.

3. *Somatisierung – zweiphasige Verdrängung*

Waren die ersten Arbeiten der psychoanalytischen Forschung den Triebschicksalen im unbewußten Erlebnisbereich gewidmet, so steht jetzt die Frage nach den verschiedenen Ichqualitäten (der Verläßlichkeit bewußter Realitätseinschätzung und/oder -anpassung), nach den integrativen Ichleistungen, den bevorzugt benutzten Abwehrmechanismen u. ä. im Vordergrund des Interesses.

Warum und an welchem Punkt eines Lebens tritt eine Somatisierung, das heißt eine deutliche Funktionsstörung der Organleistung, auf? Es ist an zwei Arten von Krankheit zu denken: die akuten, oft hoch krisenhaften, die jedoch wieder abklingen, und die langsam sich verstärkenden, chronisch dauernden Störungen. Um der Genauigkeit willen sei nochmals betont, daß von psychosomatischem Kranksein nur dort gesprochen werden darf, wo die Krankheit die psychosomatische Einheit zwar belastet, aber noch nicht zum Zerreißen gebracht hat. Ist das letztere der Fall, so gewinnen pathologische Organvorgänge eine sekundäre Autonomie. Es wurde schon beschrieben, wie die irreversiblen Prozesse nach dem Zerreißen des psychosomatischen Simultangeschehens unter Ignorierung der höheren Steuerungen des Organismus verlaufen, und daß sie Krankheiten zum Tode sind. Während wir bisher nur die mehr oder weniger chronisch verlaufenden Krankheiten behandelt haben, ist nun Gelegenheit, auf eine zweite Gruppe, die akuten und in ihrem Verlauf begrenzten psychosomatischen Krankheiten, aufmerksam zu machen. Schematisch läßt sich folgende Beschreibung geben:

a) Ein Mensch ohne grobe, sein Leben bestimmende neurotische Fehlhaltungen gerät in einen Struktur- oder einen Triebkonflikt – er erkrankt interkurrent und gesundet mit einer den Konflikt lösenden Entscheidung, die als Befreiung empfunden wird. Der Verzicht, der in jeder Konfliktlösung geleistet werden muß, wird als notwendig anerkannt und hingenommen. Nicht selten werden derartige interkurrente Erkrankungen gerade während der psychoanalytischen Kur beobachtet: auch dort markieren sie eine Krise, in der eine Einsicht zwar unabweisbar erscheint, aber zunächst noch mit einer Regression beantwortet wird. Die Einsicht wird erst nach der Erkrankung, gegen den bisherigen Widerstand, zugänglich, sofern sie nicht bereits im Laufe der Erkrankung in Gedanken und Phantasien sich kristallisiert hat. Man darf deshalb von der geradezu kathartischen Funktion des Dazwischentretens solch körperlicher Krankheiten sprechen.

Interessiert man sich in der Klinik nicht nur für die Angina, den Icterus, die Kolik, Grippe als Syndrom, sondern für die »Gesamtsituation«, aus der heraus und in die hinein diese Krankheiten sich ereignen, so gelangt man zu einer Auffassung, die

Viktor von Weizsäcker folgendermaßen formuliert hat: »Der Körper ist nämlich jetzt einer, bei dem das Menschliche, welches die Psychoanalyse darstellt, mitredet, mitspricht, mitlügt und mitlistet, auch Wahres mitzeigt und Echtes mitfühlt; er handelt mit. Zu alledem müssen ihm Eigenschaften, Fähigkeiten erteilt werden, die er im Physikalismus und Chemismus nicht hatte.«[12]
Es geht also in der akuten psychosomatischen Krankheit wiederum um die Erweiterung des elementaren Funktionswertes eines organischen Abwehrgeschehens, z. B. eines Fiebers. In der auf physiologische Reaktionen beschränkten Betrachtungsweise wird der andere (Affekte, Krise, eine Notlage signalisierende) Funktionswert nicht sichtbar. Wir sind somit genötigt, in der Somatisierung eines erregenden Erlebens zugleich leibliches und seelisches Geschehen als »Symbole des Lebens«[13] zu sehen, die einander vertreten können.

Jeder Affekt verfügt über ein kompliziertes und komplexes Ausdrucksarsenal. Der Affekt – wie der Triebvollzug – ist ein genuin psychosomatisches Geschehen. Es gibt alltägliche Affekterlebnisse, die rasch im gewohnten Tun untergehen, in denen der Körper, kaum erregt, mitagiert; aber es gibt auch Affekte von großer Heftigkeit. Sie versetzen uns in einen Aktionssturm oder überwältigen uns so unvorbereitet, daß wir in einen Stupor geraten oder in panische Flucht oder Aggression. Schließlich sind uns Affekte bzw. gemüthafte Erregungen bekannt, die nicht aus der Überraschung stammen, sondern erst mit dem unabwendbaren Herannahen einer Gefahr oder einer Krise heraufwachsen. Gerade für diese in der dramatischen Zuspitzung erweckten Gefühle und Affektbegleitungen scheint der Ausweg eines *Verschwindens im Leib* (das stellvertretende Fieber, das Darniederliegen im akuten Infekt, der vernichtende Schmerzkrampf) die Lebenslist darzustellen, die »Notfallfunktion« (Cannon), die als ultima ratio die Gefahr zum Guten wenden soll.

Die Verschiebung in leibliches Geschehen, in die Dämmerstimmung der fieberhaften Intoxikation oder in die Kolik, von der alle Erlebnisinhalte außer dem Schmerz verdrängt werden – ein solcher Umschwung des Geschehens, bei dem individuali-

12 V. v. Weizsäcker: *Diesseits und Jenseits der Medizin,* Stuttgart 1950.
13 Ders.: *Der kranke Mensch,* Stuttgart 1951.

tätsfernes Reflexgeschehen dominiert, scheint uns nicht dazu zu berechtigen, leibliche Erkrankungen nur als Ersatzhandlungen für die eigentlich geforderte und abgewiesene Tat zu bezeichnen. Denn es geschieht eine *Lösung*, obschon mit anderen als bewußt geplanten Mitteln und auf anderem Schauplatz. Hellt sich das getrübte Bewußtsein in der Rekonvaleszenz wieder auf, so stellt sich auch die notwendige Entschiedenheit ein. Die Krankheit hat in ihrem kritisch-lytischen Ablauf auch die individuelle Lebenskrise überwunden; sie war eine Krise, deren Sinn sich darin zeigt, daß das dramatische Gesetz des persönlichen Konflikts, für den kein Bewältigungsschema zur Verfügung stand, auf eine apersonale Ebene des Dramatischen übertragen wurde – auf die Abwehrreaktionen und -reflexe, die der Körper »kann« und »weiß«, wenn er Störungen beseitigen, Bakterien phagozytieren, Steine durch den Ureter transportieren muß, nachdem eine anfängliche Konversion die Verschiebung der Konfliktlösung in Körpergeschehnisse erzwungen hat. Daß es die Möglichkeit der Regression auf die »biologische Intelligenz« gibt, wenn die »höhere Intelligenz« der psychischen Instanzen versagt hat, und daß diese Regression sich dadurch legitimiert, daß sie nach ihrer Überwindung zu einer Stärkung der Ichleistungen verhilft, ist eine Tatsache und kann beobachtet werden.

b) Daneben wissen wir von Fällen, in denen zwar ebenfalls die Verschiebung des psychischen auf einen körperlichen Alarmzustand versucht, die Krise aber nicht überwunden worden ist. Das Ergebnis ist die Chronifizierung der Erkrankung. Um nicht das Problem der chronischen Altersleiden mit der Chronifizierung in früheren Lebensabschnitten zu vermengen, bleibt hier die zuerst genannte Gruppe der Krankheiten des Alters unberücksichtigt. Wir sprechen also von jenen Fällen, in denen in jugendlichen Jahren, ohne sichere Anzeichen eines Überwiegens von Anlagefaktoren, Funktionen dauerhaft beeinträchtigt werden oder darüber hinaus Veränderungen am Substrat, an den Gefäßen, Zellen etc. auftreten. Manche dieser in steigender Zahl vorkommenden Erkrankungen werden als Zivilisationsleiden aufgefaßt: das Ulcus des jungen Menschen, das echte Asthma bronchiale, die primär chronischen Gelenkleiden, die Hyperthyreose, der labile, sich langsam fixierende Hochdruck, die juvenile Angina pectoris, die »vegetative Dystonie« oder

ähnliche Phänomene eines symptomreichen psychosomatischen Versagens.
Eingehende Betrachtung solcher Fälle, die uns die psychoanalytische Behandlung gestattet, findet als wichtigsten Unterschied von den psychosomatisch verstandenen interkurrenten Erkrankungen eine der somatischen Symptombildung vorangehende *grobe* neurotische Fehlhaltung, die jedoch bisweilen durch spezielle Anpassungsleistungen unauffällig gemacht ist, wie dies bei dem an Magenulcus erkrankten Gastwirt ganz deutlich zu erkennen war. Gelegentlich kann man beobachten, wie neurotische Symptome mit dem Auftreten eines körperlichen Leidens verschwinden oder in der Selbstwahrnehmung des Patienten an Bedeutung verlieren; doch gibt es auch den umgekehrten Verlauf. Gelingt es, durch die Behandlung das körperliche Symptom zu mildern oder zu beseitigen, dann kommt es zu einer erneuten Besetzung der neurotischen Anpassungsstörung. Dabei zeigt sich beispielsweise, daß das Krankheitsgeschehen bei Neurosen und psychosomatischen Krankheiten kein rein individuelles ist. Vielmehr handelt es sich um Gruppenkonflikte, in denen ein Mitglied in einer bestimmten Konstellation zur Krankheit gezwungen wird, die für die anderen Mitglieder der Gruppe eine innere Entlastung bringt. Sehr eindrucksvoll war das im Falle einer Patientin zu beobachten, die zuerst eine heftige Agoraphobie entwickelte, die schließlich von schwerem Erbrechen wenn nicht abgelöst, so doch verdrängt wurde. Als die Kranke nach einigen Wochen stationärer Behandlung beide Symptome verloren, aber keineswegs ihre Trieb- und Strukturkonflikte zu meistern gelernt hatte und nach Hause zurückkehrte, erkrankte bald darauf ihr Ehemann an einem Ulcus, und ihre beiden Kinder entwickelten sich zu Bettnässern.
Reneurotisierung auf dem Weg der Therapie ist freilich nicht identisch mit einer vollständigen Rückkehr zu dem früheren neurotischen Zustand; ein Teil des Inhaltes der Neurose scheint ganz in das Erlebnis des organischen Symptoms eingegangen und mit ihm verschwunden zu sein. Auch wenn das somatische Affektkorrelat – entsprechend der Unangepaßtheit der Objektbeziehung oder der Befriedigungswünsche – in einer pathologischen Funktionsverzerrung besteht: qua Symptom muß es doch nachhaltig zu einer Entspannung zwischen den Instanzen

des psychischen Apparates beitragen. Auf diese Weise erschöpfen sich dann auch Symptome, was wohl nur rein deskriptiv als Spontanheilung aufgefaßt werden darf.

Die psychoanalytische Therapie geht andererseits den Prozessen der Symptomgenese bis zum Ursprung nach. Oft verschwindet das zuletzt erschienene Symptom zuerst; was danach wieder auftaucht, ist der virulent gebliebene, das heißt mit Triebenergie besetzt gebliebene Rest der neurotischen Struktur. Derlei Verschiebungsvorgänge haben Schriftsteller zum Teil mit großer Subtilität dargestellt. Ein glänzend beschriebenes Beispiel dieser Dynamik findet sich in Marcel Prousts *La Prisonnière*[14]. M. de Charlus, ein schwer neurotischer Charakter, homosexuell, leidet an unbezähmbaren Wutanfällen. Er erkrankt an einer infektiösen Pneumonie und schwebt lange Zeit zwischen Leben und Tod. Danach sind die von allen gefürchteten Zornorgien verschwunden. »War es«, sagt Proust, »einfach eine Verschiebung ins Physische – une métastase physique – und ein Ersatz durch ein von der Neurose verschiedenes Leiden, das ihn sogar die Zornorgien vergessen ließ?« Und weiter: »Wahrscheinlich müssen wir die Erklärung nicht in einer Verschiebung suchen, sondern in der Krankheit selbst.« Diese Krankheit erledigte allerdings nur eines der neurotischen Symptome; M. de Charlus ging schließlich an den Folgen seiner Neurose zugrunde, doch seine Wut kehrte nie wieder.

Versuchen wir abschließend, noch einmal die Etappen der Pathogenese in den zwei Phasen der Abwehr modellhaft zu beschreiben. Aus einem traumatisierenden Prozeß in der Kindheit geht eine erste Form der Fehlanpassung hervor: es kommt zu einer Kompromißbildung zwischen Triebforderungen und Umweltverboten. Das neurotische Symptom oder die neurotischen Charakterzüge stellen diesen Kompromiß dar. Diese neurotische Entwicklungsdynamik folgt ihren eigenen Gesetzen. Im neurotischen Symptom (oder, weniger auffällig, in bestimmten Zügen der Charakterhaltung) kommt es zu einer Bahnung des gehemmten Affektausdrucks, wenn auch nicht ausreichend und nicht der Entwicklungsstufe des Individuums angemessen. Je stärker das Ich durch Abwehrmechanismen einen Verdrängungsdruck ausüben kann, und je mehr in der Verdrängung eine Deformation und Hypertrophie eines vital starken Trieb-

14 *A la Recherche du Temps Perdu,* Tome VI, ch. 2, p. 161.

geschehens sich vollzieht, desto aussichtsloser wird die Lage. In dieser Zuspitzung erfolgt, ganz analog dem Vorgang einer ohne neurotisches Vorgeschehen entstandenen Krise, wie es oben für interkurrente Erkrankungen beschrieben wurde, die Regression auf Lösungen durch organische Abläufe, deren Steuerung als biologische Mitgift gesichert ist.

Eine nicht abzuwendende Krise chronifiziert sich in der ersten Phase der Verdrängung oder sonstigen Abwehr mit neurotischer Symptombildung. Wenn diese *psychischen* Mittel der Konfliktbewältigung nicht ausreichen, erfolgt in einer zweiten Phase die Verschiebung in die Dynamik *körperlicher* Abwehrvorgänge. Wir sprechen deshalb von *zweiphasiger Verdrängung* oder Abwehr. Entsprechend der Tatsache, daß der Konflikt, der zu einer zweiphasigen Verdrängung Anlaß gab, bereits im ersten Ansatz der Bewältigung Ausdruck einer gestörten Persönlichkeitsentwicklung und die Lösung – im Symptom – »unecht« ist, das Symptom depersonalisiert als ichfremder Prozeß erlebt wird, kann es nicht überraschen, wenn die nochmalige, erneut von der Kontrolle des Ich wegführende Verdrängung wiederum keine dramatische Lysis, sondern nur eine weitere Verschiebung im Unzulänglichen mit sich bringt. Die Chronifizierung z. B. eines Anfallgeschehens wie des Asthmas zeigt das an. Immerhin besteht der Gewinn darin, daß ein neuer, imponierender Projektionsort für das Unbehagen, nunmehr die organische Krankheit, gefunden wurde. Durch den fast noch unwidersprochenen Konsensus der Wissenschaften, bei organischen Krankheiten nur den apersonalen, anonymen somatischen Abläufen Aufmerksamkeit zu schenken, ist in dieser zur Kollektivmeinung erstarrten Anschauung ein mächtiger, sozial gesicherter Schutz für den Verdrängungsvorgang miterworben.

Diese Andeutung einer Theorie psychosomatischer Erkrankungen erhebt nicht den Anspruch auf Vollständigkeit. Sie bringt weniger, als wir wissen, und spricht nicht genügend von dem, was wir nicht wissen. Worauf es ankam, war eine Einübung in psychosomatisches Denken, wie sie für Arzt und Patient gleichermaßen nützlich ist.

V. Repetition II: Anmerkungen zum Ulcusleiden und zum Begriff der Übertragung

Die allgemeinste theoretische und arbeitshypothetische Voraussetzung der psychosomatischen Medizin liegt in folgenden Annahmen: 1. daß seelisches Geschehen, besonders jener Teil, den wir mit dem Begriff »Emotionalität« umreißen, krankhafte Veränderungen des Körpergeschehens hervorrufen kann; 2. daß der Anteil der Emotionalität im Kausal- und Motivationsbündel der Pathogenese von Fall zu Fall verschiedene Bedeutung erlangt; 3. daß Emotionalität als ein Teil des seelischen Geschehens eigenen Erregungs- und Regelungsgesetzen folgt, nicht in bloßer Abhängigkeit von den Regelungsvorgängen des Körpergeschehens sich vollzieht oder, um es noch präziser zu fassen: daß die Emotionalität mit ihren Bewegungsformen nicht aus jenem Substrat allein hervorgeht, das wir naturwissenschaftlich als Körpergeschehen erforschen und zu definieren trachten.[1]

Emotionalität steht einerseits in unmittelbarem Zusammenhang mit den Vorgängen der Realitätswahrnehmung und -verarbeitung, die sowohl bewußt wie unbewußt vor sich geht, andererseits ist sie ebenso bewußt wie unbewußt Repräsentanz des Triebgeschehens, das heißt intrasubjektiver Lebens- und Erlebnisvorgänge.

Der Triebbegriff, wie ihn die Psychoanalyse entwickelt hat, ist ein leib-seelischer Grenzbegriff. Emotionen lassen sich als ein psychosomatisches Simultangeschehen definieren; es gibt keine emotionelle Erregung ohne simultane Körpererregung. Das eigentliche Problem liegt in der Frage, ob es sich in diesem Erregungsablauf um ein einheitliches Regelungsgeschehen handelt

1 Die These wird auch in der modernen Ontologie vertreten. Auf ihr beruht die Schichtungslehre Nicolai Hartmanns, die unlängst sehr prägnant von Hermann Wein zusammengefaßt wurde: »Die Kategorien und Gesetze der Lebendigkeit können nicht etwa zurückgeführt werden auf Kategorien und Gesetze der anorganisch-materiellen Welt. Die Kategorien der Psyche können nicht auf biologische, die des Geistes nicht auf psychologische reduziert werden. In jeder Schicht tritt vielmehr ein ›novum‹ auf.«

oder nicht. Die Arbeitshypothese der psychosomatischen Medizin geht dahin, daß das nicht der Fall sei. Seelische Abläufe vollziehen sich weitgehend unabhängig von organischen Selbststeuerungsvorgängen. Sie sind auch nicht bloße Reflexantworten auf Signale der Außenwelt (im Sinne von angeborenen Auslösemechanismen). Wo aber in diesem seelischen Geschehen Emotionen erweckt werden, sind diese unlösbar in einem psychosomatischen Simultangeschehen mit bestimmten Regelungsveränderungen im Organgeschehen verbunden. Der Schwerpunkt der Hypothese liegt also darauf, daß psychische Abläufe weitgehend eigenen Regelgesetzen folgen, über die Emotionalität dem somatischen Funktionskreis jedoch verbunden bleiben und leistungsmodifizierend in ihn hineinwirken.

Diese Hypothese schließt ein, daß offenbar nicht nur ein Regelungszentrum (oder ein selbstregulatives Organisationsganzes) die Lebensvorgänge beherrscht, sondern daß mindestens zwei solcher Regelkreise gegeben sein müssen. Das Wort »psychosomatisch« drückt diesen Dualismus aus; nicht aber bezeichnet es einen psychophysischen Wechselwirkungsvorgang, so als ob Seelisches auf Leibliches einwirke. Die emotionelle Erregung ist vielmehr eine simultane, es gibt keine »Erregung« erst im Seelischen allein, die dann auf Körpergeschehen übergriffe. Emotionelle Erregung ist immer beides in einer Einheit – der Erregungsvorgang ist nicht einseitig aus Vorgängen zu erklären, die man im Substrat »Körper« zu suchen hätte, sondern offenbar auch in Leistungen, die den somatischen Forschungsmethoden nicht zugänglich sind und für die wir einen eigenen Erkenntnis-Modus brauchen: eine Wissenschaft vom Erlebnisgeschehen.

Die pathogenetische Forschung, wie kompliziert sie in Einzelfragen auch sein mag, war bis zur Entwicklung des psychosomatischen Konzeptes bestimmt durch die vergleichsweise einfache Untersuchung von Faktoren der Krankheitsentstehung, wobei die Wirksamkeit nur *eines* Regelkreises – der physischen Organisation – berücksichtigt wurde. Die Beobachtung seelischer, und das heißt emotioneller, Einflüsse auf die Symptomentstehung hat die Notwendigkeit einer theoretischen Operation mit zwei Regelkreisen mit sich gebracht. Einerseits wurde dadurch eine Vielzahl von Funktionsstörungen samt ihrer Entwicklungsgeschichte besser verständlich und therapeutisch zugänglich, andererseits zwang das Problem der seelischen Steuerungsvorgänge der Emotionen die Forscher, ein bisher unbeachtetes Feld in ihre Beobachtungen einzubeziehen. Dabei stellte sich etwas sehr Bemerkenswertes heraus; der Arzt, der nach einer »Psychologie« verlangte, konnte nur wenig Anleihen bei den anderen Fakultäten machen. Die »zwei Psychologien«, die er vorfand, hatten offensichtlich Schwächen; die eine, die »intuitive«, bemühte sich nicht um Verifizierung, wobei ihr zugutezuhalten ist, daß sie den historischen Charakter des menschlichen Lebens ernst nahm; sie beschäftigte sich nach ihrer Vorstellung mit nicht wiederholbaren Phänomenen. Die zweite Psychologie, die experimentelle, die aus der Naturwissenschaft hervorgegangen war, ignorierte diesen historischen Aspekt; sie brachte es aber, mit Robert Waelder[2] zu sprechen, lediglich zu »sorgfältig bewiesenen Belanglosigkeiten«, wenn man auf den Begriff vom Menschen in actu, in den Entscheidungen seiner Lebenswirklichkeit, abzielt.

Es ist klar, daß die psychosomatische Medizin die Geschichte, die Herkunft der psychosomatisch simultan wirksamen Erregungen erforschen muß, daß sie es deshalb mit zweierlei: mit der somatischen Pathogenese und mit Erkrankungen zu tun hat, die durch die eigentümliche menschliche Lebensform (die individuelle wie die gruppenbestimmte) mit hervorgerufen scheinen. Daraus ergibt sich die Aufgabe, in der empirischen Beobachtung (und schließlich unter vorsichtiger Anwendung der Statistik) Regelhaftigkeiten im historischen (experimentell nicht wiederholbaren) Geschehen aufzufinden und das, was bisher unwiederholbares Geschehen, einmaliges subjektives Dasein schien, auf verborgene Regelhaftigkeit zu untersuchen.

Die Wissenschaftskriterien für diese Forschung müssen erst noch entwickelt werden, und sie können es nur, wenn es uns gelingt, ein tatsächlich ausreichendes Wissen zu erwerben.

Die psychosomatische Forschung ruht also einerseits auf dem klinischen Wissen, wie es von der naturwissenschaftlichen Organmedizin gesammelt wurde, andererseits ist sie genötigt, rückschreitend immer tiefer in die Entwicklungsvorgänge, die zur jeweiligen »Charakterstruktur« eines Menschen geführt haben, einzudringen. Die differenzierteste Methode und Theorie, die sie dabei vorfindet, ist die Psychoanalyse. Eine solche

2 R. Waelder in: *Psyche* XI, 1957, S. 3.

Methode ist unabdingbar für den, der sich mit eigengesetzlichen Vorgängen im psychischen Regelungskreis befassen möchte. Nur wenn man weiß, daß emotionelle Reaktionen sehr ungleichförmig die biologische oder intellektuelle Reifung begleiten, daß sie an den Objekten, an die sie primär gebunden waren, mit außerordentlicher Zähigkeit haften können, und daß solche Fixierungen, die ein Stück ganz früher Befindlichkeit eines Menschen konservieren, auf vielfältige Weise verdeckt sein können – nur wenn man solche, dem seelischen Leben eigentümliche Verlaufsformen kennt, wird man auch der zweiten Anforderung in der psychosomatischen Medizin, mit adäquaten psychologischem Wissen zu operieren, gerecht werden können. Die vielleicht wichtigste Aufgabe der psychosomatischen Medizin besteht im gegenwärtigen Zeitpunkt darin, ein ausreichendes Wissen von den Regelungsvorgängen im Erlebnisbereich und seiner Entwicklung zu sammeln. Erst wenn wir in dieser Sache sehr viel weiter sind, als dies heute der Fall ist, werden wir darangehen können, eine neue – wenn wir die Formulierung gebrauchen dürfen – *geschichtliche Biologie* zu entwerfen, die bei der Theoriebildung auf die Krücken der zwei Regelungskreise verzichten und damit zu einer Anthropologie im strengen Wortsinn beitragen kann.
Die Reichweite einer psychosomatischen Pathologie ist noch undeutlich.[3] Sicher ist, daß der jeweilige Anteil emotionell gesetzter krankhafter Veränderungen im Kausal- und Motivationsbündel der Pathogenese von unterschiedlicher Bedeutung und unterschiedlichem Gewicht ist. Eine pragmatische Einteilung wird zwischen Krankheiten, in denen wir eine Dominanz psychosomatischer Erregungsvorgänge erkennen können, und solchen, in denen dies nicht oder nicht mehr der Fall ist, unterscheiden. Der organische Befund allein sagt dem Arzt mit einem psychosomatischen Konzept in vielen Fällen nicht genug, vor allem darüber, ob es sich um Anzeichen eines Prozesses handelt, für den das Gesetz der psychosomatischen Simultaneität nicht oder nicht mehr gilt. Dabei sind drei Modelle denkbar. Einerseits kann z. B. ein dominanter Anlageschaden vorliegen, also eine primär in der Organleistung gebundene krankhafte Veränderung. Hier steht die somatopsychische Determinierung im Vordergrund. Oder es kann sich um ein Geschehen handeln, in

3 A. Mitscherlich: *Verh. d. Dtsch. Ges. f. inn. Med.*, Wiesbaden 1949.

dem Einflüsse vorwiegen, die aus dem Regelkreis seelischen Geschehens stammen und in der psychosomatischen Erregungseinheit die Qualität bestimmter Organleistungen beherrschen. Drittens kann der Befund auf einen Zustand verweisen, in dem es nach einem funktionell reversiblen Vorstadium zu einer späteren Zerreißung des psychosomatischen Simultangeschehens gekommen ist. Chronische Leistungsüberforderung oder -blockierung hat dann zu irreversiblen Veränderungen der Organstruktur geführt. Man darf in einem solchen Fall von Verengung der Lebensbewegung in Richtung auf eine Verselbständigung eines Regelungskreises sprechen: von biologischen Leistungen, die sich nach dem Zerfall höherer Lebenseinheiten abspielen. Hier kommt die Therapie der Psychosomatiker zu spät. Um die Verständigung zu erleichtern, könnte man hier von »großen Krankheiten zum Tode« mit einem schließlichen Zerfallen höherer Lebenseinheiten sprechen – einem Verlust von Plastizität der Verknüpfung der Regelvorgänge der zwei Kreise somatisch-biologischer und seelisch-emotioneller Art. Diesen »großen Krankheiten« stünden dann die »vielen Krankheiten des Lebens« gegenüber, in denen eine kritische Zuspitzung der Lage in der komplexen Funktionseinheit – und unter Wahrung dieser Einheit – vor sich geht. Die Arbeit der psychosomatischen Medizin gilt zunächst diesen vielen Krankheiten oder der Krankheit im Zustand relativer Reversibilität, denn gerade über die Eigenart der pathologischen Dynamik im Zustand der Reversibilität vermag der rein organpathologische, der bloß im somatischen Substrat lokalisierende und differenzierende Befund keine genügende Auskunft zu geben, sofern die Einflußkraft emotional gesetzter Veränderungen außer Betracht bleibt.

Vielleicht läßt sich das, was bisher über das Konzept der psychosomatischen Medizin gesagt wurde, am Beispiel einer Krankheit veranschaulichen. Wir wählen dazu das Magengeschwürsleiden. Seit man von »Psychosomatik« zu sprechen begonnen hat, ist diese Krankheit, sind die Kranken mit Ulcus ein Forschungsgegenstand der neuen Richtung. So kann man am Wandel der Verallgemeinerungen, die hier gewagt werden, auch ein Stück Entwicklungsgeschichte einer Wissenschaft zur Darstellung bringen.

Das Ulcusleiden ist ein gutes Beispiel der Zuspitzung der Lage

ohne endgültige Einengung der Steuerungsfaktoren am Organ. Stine und Ivy[4] schätzen, gestützt auf ein großes klinisches Zahlenmaterial, daß nur bei etwa 10 Prozent der erstmalig Erkrankten das Ulcus eine Episode bleibt; 90 Prozent können mit einem Rezidiv im Laufe der folgenden zwei Jahre rechnen. Wir lassen hier unberücksichtigt, daß wir über eine Vielzahl symptomatischer Mittel für die Therapie des Ulcus verfügen, und daß es häufig eine gute Heilungstendenz zeigt, was immer therapeutisch zur Anwendung gelangt. Das Interesse an der Pathogenese wird davon nicht betroffen. Was mag die Krise zur Auslösung bringen, was zu ihrer Wiederholung beitragen? Harold Kaplan[5] findet in seinem Übersichtsreferat die alte Auffassung aufrecht erhalten, daß am Zustandekommen des Ulcus eine überstarke HCl-Sekretion wesentlich beteiligt sei, und daß diese Sekretion »primär und vorwiegend unter nervöser Beeinflussung erfolgt, spezifisch unter der des Vagus, der seinerseits unter dem Einfluß verschiedener corticaler und thalamischer Bereiche steht«. Wenn nervöse und emotionelle Erregung tatsächlich ein Vektor des psychosomatischen Simultangeschehens ist, drängt sich die Frage nach den Erlebnisgehalten dieser emotionellen Erregung auf.
Die erste psychologische Annäherung an diese Erlebnisinhalte war noch durchaus »kurzsichtig«, insofern eine im Erkrankungsbeginn aktuelle Streß-Situation zur Erklärung herangezogen wurde. Irgendeine seelische Belastung, Überforderung sollte – bei unklarer organischer Reaktionsbereitschaft – Hypersekretion und vielleicht sogar Hypermotilität und Hyperämie in Gang setzen. Die theoretische Vorstellung, die hier zugrunde lag, kann man kurz als Affektphysiologie bezeichnen.
So wird etwa in Selyes »allgemeinem Adaptionssyndrom« ein intraorganischer Reaktionsablauf auf einen »stress« hin beschrieben. Es steht mir keine Kritik dieses theoretischen Entwurfs hinsichtlich der physiologischen Synergismen zu. Der Begriff »stress« als solcher fungiert aber als ein Pauschalfaktor, ein Hauptschlüssel, der im Grunde nur zu der Erkenntnis führt, daß ein überlastender Reiz, unter Umständen ein psychisch gesetzter, von den Körperfunktionen gemeistert werden muß

4 L. Stine u. H. C. Ivy: *Gastroenterology* 21, S. 185 (1952).
5 H. Kaplan: *J. Nerv. Ment. Dis.* 123, S. 93 (1956).

und sich offenbar in der Richtung des geringsten Widerstandes, also auf ein »geschwächtes« Organ hin, fortpflanzt. Interessant an diesem Konzept ist natürlich, daß es, wie früher v. Bergmann in der funktionellen Pathologie, Krankheit als eine Einheit von exogener Noxe und Abwehr- bzw. Anpassungsmechanismen des Organismus faßt. Doch bleibt ungeklärt, wann welche Einbrüche gelingen, wann welche Reaktionsabläufe verfügbar werden.

Die Grenze des affektphysiologischen Ansatzes liegt in der verführerischen These, man könne Affekte (oder ihnen zugrundeliegende Streß-Situationen) isolieren und dann in ihrer »reinen« Wirkungsweise beobachten. Die analytische Position, in die man dabei gerät, scheint genauso weit entfernt von der Lebenswirklichkeit des Individuums zu sein wie die der klassischen Experimentalpsychologie. Man untersucht das, was aus dem physiologischen Experimentalansatz erfahrbar wird, aber eben nur das; die psychologische »Auslösersituation« selbst wird, da man die Komplexheit seelischer Vorgänge unterschätzt, gar nicht näher befragt. Im übrigen ergeben sich noch zahlreiche sehr bedeutende Probleme aus der Laboratoriumserfahrung. Da ist z. B. die Frage nach der Intensität der Erregung. In der alten Studie von A. Krogh[6] wurde nachgewiesen, daß Histamin, Adrenalin, Acetylcholin, in minimalen Dosen (bei fleischfressenden Säugern) verabreicht, den arteriellen Blutdruck zum Sinken bringen, während größere Dosen die bekannten Effekte (Depressor-, Pressor- oder Schockwirkung) hervorrufen. Das legt, wie Robert Plutchik[7] hervorgehoben hat, die Annahme nahe, daß »intensivere Erregung einer Emotion qualitativ verschiedene Symptome mit sich bringen könnte«. Ein nicht weniger wichtiges Problem scheint mir die »Dauer« der Erregung; offenbar ist Angst von momentaner Dauer, wie sie das Experiment erzielt, etwas anderes als die chronische Angst mit ihren höchst differenten psychischen Abwehrmechanismen, die sie mobilisiert und stereotypisiert. Und oft ist es außerordentlich schwierig, diese »larvierten« Angstreaktionen, denen man ihre Herkunft nicht ansieht, neben den offenen Symptomen zu entdecken.

Wir kennen, grob definiert, zwei verschiedene Reaktionsgrup-

6 A. Krogh: *The Anatomy and Physiology of Capillaris*, New Haven, 1922.
7 R. Plutchik: *Psychosom. Med.* XVII, (1955), S. 306.

pen: Menschen, die emotionelle Erregung »ausdrücken«, bekunden, mitteilen können, und Menschen, die zu einer Aktion »nach innen« gegen sich selbst tendieren, dabei Angst in ganz anderer Weise entwickeln als die erste Gruppe. Bereits diese wenigen Andeutungen zeigen, mit welcher Komplexheit des Geschehens auch der einfache affektpsychologische Laboratoriumsversuch zu tun hat; das alles macht ihn gewiß nicht wertlos. Aber er ist doch wohl nur dann vernünftig interpretierbar, wenn man sich ständig vor Augen hält, auf welch differenzierten Gesamtzusammenhang die Ergebnisse zu beziehen sind. Mit anderen Worten: die Affektphysiologie ist ohne eine Anthropologie, die ihrerseits nicht im Laboratorium entwickelt werden kann, nicht praktikabel.

Da die traditionellen, recht unspezifischen Vorstellungen von der Überlastung nicht zu erklären vermochten, warum nur einige der so überforderten Menschen mit einem Ulcus reagierten, entwickelte man, vor allem unter dem Einfluß Flanders Dunbars[8], die »Persönlichkeitstheorie«. Man fand bestimmte, charakterologisch ausgezeichnet erscheinende Typen besonders anfällig für bestimmte Krankheiten. Bezüglich des Ulcus sei hier auf die Studien von Glatzel[9] verwiesen. Doch auch dieser Erklärungsversuch erwies sich rasch als unzulänglich; auch hier ergab sich keine verläßliche Regelhaftigkeit des Zusammenfalls von Persönlichkeitsstruktur und Krankheitsart. Margolin[10] hat mit Recht diese Theorie kritisiert, »weil sie den Versuch unternimmt, eine einzelne Organmanifestation, eine Krankheitseinheit, mit der wechselhaften, komplexen und vielfältigen Struktur der Persönlichkeit zu identifizieren«.

An dieser Stelle begannen sich die Forschungsrichtungen zu gabeln; es entwickelten sich zwei Hauptrichtungen. Die eine zielte weiter auf das, was soeben als »Affektphysiologie« bezeichnet wurde, die andere versuchte, die Statik des Persönlichkeitsprofils aufzubrechen und zu einem Verständnis der Genese der beobachteten charakteristischen Verhaltensformen zu gelangen, um emotionelles Geschehen, das sich hinter der geäußerten Reaktionsweise verbergen und eine wichtige Bedingung der Pathogenese sein kann, zu erkunden.

8 F. Dunbar: *Psychosomatic Diagnosis,* New York-London 1943.
9 H. Glatzel: *Erg. d. inn. Med. u. Kinderhk.* 65 (1945).
10 S. Margolin: *Psyche* VI, (1952), S. 443.

Im Fall der psychosomatischen Ulcusforschung waren es Wolf und Wolff[11], die an ihrem berühmt gewordenen Laboranten Tom affektphysiologische Studien fortsetzten. Davon war bereits im zweiten Kapitel die Rede. Es lohnt aber, noch einmal auf die physiologischen Daten einzugehen.

Die Einordnung der Emotionalität in zwei große Affektgruppen, wie sie bereits Cannon beschrieben hatte – in eine, die zum Handeln, zum Angriff, zu motorischer Aktivität überhaupt stimuliert, und in eine zweite, die zum Rückzug, zu Realitätsabkehr und innerer »Assimilation« tendiert – schien sich zu bestätigen. Im akuten Zustand von Ärger, wütender Gereiztheit, Angst trat eine verstärkte Durchblutung, Schwellung, Sekretionsverstärkung der Mucosa ein; Trauer, Scham andererseits ließen die Schleimhaut erblassen, die Sekretion versiegen. Da es den Autoren gelang, bei einer Versuchsanordnung, die Tom über längere Zeit in einer ängstlich-ärgerlichen Stimmungslage hielt, kleine Erosionen an der Schleimhaut zu erzeugen (die übrigens nach Lösung der affektiven Spannung rasch eine Heilungstendenz zeigten), hielten sie es für geboten, in chronisch wirksamen affektiven Erregungszuständen, denen simultan ein Überwiegen der sekretorischen Tätigkeit, eine Intensivierung der Durchblutung und Peristaltik entsprach, Voraussetzungen für die Ulcusentstehung zu erkennen.

Diesen Befunden wurde später durch die sorgfältigen tierexperimentellen und klinisch-experimentellen Untersuchungen von Mahl[12] teilweise widersprochen. Mahl entwickelte die »Angsthypothese« des Ulcus pepticum und betonte, daß nach seinen Erfahrungen nur chronische Angst – gleichgültig, was sie erregt – zur Hyperacidität führt, während akute Angst ein Absinken der freien Magensäure bewirke. Das bedeutet, daß Cannons Notfallfunktionen (seine »emergency states«) nur für die Zustände akuter Angst Gültigkeit haben, indes chronische Angst offenbar zu einem wenigstens partiellen Umschlag, z. B. zu einem Überwiegen des Vagotonus am Magen, führt.

Wir haben auf diese Tatsachen hingewiesen, um ein wichtiges Problem für die Deutung affektphysiologischer Befunde zu beleuchten. Offenbar kann ein Dauerzustand affektiver Erregung

11 S. Wolf u. H. G. Wolff: *Human Gastric Functions*, London 1943.

12 G. F. Mahl: *Anxiety*, in: *Psychosom. Med.* XIV, 1950, S. 58.

die soeben erwähnte Umkehr im Innervationstonus bringen. Das heißt, die kurzfristige Erregung in der experimentellen Situation mit ihrem beobachtbaren Innervationsschema erlaubt nicht in jedem Fall einen Schluß auf die Eigenart des psychosomatischen Simultangeschehens unter den komplexen Lebensverhältnissen des Individuums. Nicht zu vergessen, daß alle diese Versuche nichts darüber aussagen, aus welcher inneren Gestimmtheit die Versuchsperson auf einen Streß reagierte.

Der Fortschritt in der Theoriebildung von einer Momentbeobachtung, wie sie das Experiment erlaubt, zu einer mehrdimensionalen Orientierung ist, wie wir bereits angedeutet haben, eng mit den Arbeiten Franz Alexanders[13] verknüpft; unter »mehrdimensional« verstehe ich, daß einmal individuelle entwicklungsgeschichtliche Prozesse Beachtung finden, zum anderen, daß Emotionalität sowohl als bewußtes wie als unbewußtes Phänomen begriffen wird, denn sie hat in dieser doppelten Form am psychosomatischen Gesamtgeschehen teil. Es scheint, daß dabei unbewußte Erregungen, die nicht unmittelbar Ausdruck und Entspannung finden, jene Dauerstimulationen verursachen, die das funktionelle Gleichgewicht stören und pathogen wirksam werden. Insgesamt gilt, daß in dem ganzen seelischen Geschehen Regelhaftigkeit und nicht der pure Zufall herrscht.

So zeigen Alexanders Untersuchungen, indem sie das starre Oberflächenbild des Persönlichkeitsprofils durchdringen, wie der beschriebenen, offen beobachtbaren Ehrgeizhaltung vieler Ulcuskranker unbewußt eine intensive Sehnsucht nach Zuständen passiv erlebten Glückes widerspricht. Die psychoanalytische Beobachtung hat ergeben, daß hier ein chronischer Strukturkonflikt vorliegt. Eine primäre Wunschhaltung nach Beschütztsein, Geliebtwerden (was in einer frühen Lebensphase in einer szenischen Einheit mit »Gefüttertwerden« erlebt wird) scheint enttäuscht worden zu sein. Das führte zu Angstentwicklung und kompensatorisch zu dem Wunsch nach Unabhängigkeit, aktiver Selbstsicherung, ohne daß aber die primäre Wunschwelt im unbewußten Erlebnisbereich aufgegeben worden wäre. Enttäuschungen, die sich später im Bereich der bewußten Ehrgeizstrebungen ereignen – beispielsweise Furcht vor dem Verlust einer unabhängigen Position und damit die Be-

13 F. Alexander: *Psychoanal. Quarterly* 3, (1934), S. 501.

drohung bewußt verfolgter Sicherungstendenzen – erwecken Angst und haben eine Intensivierung einerseits des Leistungseinsatzes, anderseits des unbewußten Verlangens nach primärer Sicherheit, Schutz und Gefüttertwerden zur Folge.
Jede Verstärkung realer Bedrohung aktiviert also die Ehrgeizhaltung und zugleich die passive Sehnsucht und führt zu einer Verschärfung des Konfliktes. Während der Erlebnisfaktor eine »Angriffshaltung« mit sympathicotoner Innervationssteuerung (Ergotropismus) simultan bewirkt, setzen die chronisch frustrierten Abhängigkeitswünsche die vagotone, digestive Innervation am Magen durch (den Histiotropismus), entsprechend der Imagination emotioneller Elementarerfahrungen von Sättigung und Schutz. In dieser kritischen Phase kommt es nach Alexanders Theorie zur Ulcusbildung. Stine und Ivy schreiben, daß in der Literatur inzwischen von verschiedenen Autoren mehr als 300 Fälle berichtet worden sind, die Alexanders Theorie von der »unterdrückten Abhängigkeitssehnsucht« als dem spezifischen Konflikt in der Ulcuspathogenese bestätigen.
Ein Beispiel für die erfolgreiche Verbindung psychodynamischer Betrachtungsweise mit klinischer Funktionsbeobachtung ist der oben erwähnte Fallbericht von S. Margolin über eine Studentin, bei der es nach einem Selbstmordversuch zu einer Speiseröhrenverätzung und zu einem größeren Schleimhautprolaps um die Magenfistel gekommen war; wir können auf die vorangegangene Darstellung verweisen und wollen hier nur noch einmal das entscheidende Ergebnis dieser Fallstudie in Erinnerung bringen: daß unbewußt verlaufende Emotionen Einfluß auf die vegetativen Funktionen des Magens haben. Margolin konnte drei charakteristische Leistungstypen des Magens mit unbewußten Affektzuständen korrelieren. Wenn seelische Abwehrmechanismen gegen unbewußte Impulse, die nach Ausdruck suchten, vorherrschten, wurde am Magen eine »synchronisierte geringe Aktivität« beobachtet. Hingegen wurde eine synchronisierte hohe Aktivität dann registriert, wenn die unbewußten Einverleibungswünsche sehr bewußtseinsnah waren und ihre Erfüllung imaginiert wurde. (Die Organfunktion in diesem Augenblick läßt sich etwa der Sekretionssteigerung vergleichen, die eintritt, sobald wir uns unseres Appetits bewußt zu werden beginnen und in Befriedigungsvorstellungen schwelgen.) Einen Zustand der Dissoziation und

Asynchronie der einzelnen Leistungen (Sekretion, HCl-Pepsin-Relation, Durchblutungsstärke, Motilität) fand Margolin charakteristisch dafür, daß es durch psychische Arbeit gelungen war, einen Zustand der »Entspannung« zu erreichen, und der Patient sich in keinem innerlich bedrohten Zustand befand. »Nach Margolins Untersuchungen wurden die divergierenden Partialfunktionen des Magens durch gewisse Erlebnisarten synchronisiert, durch andere Weisen innerer Erfahrung wieder dissoziiert« (L. Kubie)[14].

Was bei alledem als Entdeckung von großer Tragweite für die psychosomatische Forschung zu verbuchen ist, läßt sich folgendermaßen zusammenfassen: das psychosomatische Simultangeschehen wird offenbar emotionell gleichermaßen von Realerfahrungen wie von phantasierten, imaginierten Erlebnissen gesteuert, auch wenn diese in der Normalsituation des Lebens unbewußt bleiben; die letzteren entfalten, da sie von der physiologischen Rhythmik (Spannung-erfüllende Entspannung) ausgeschlossen sind, einen Dauer-Streß auf die gekoppelten physiologischen Abläufe und bewirken so die chronische Störung des Leistungsgleichgewichtes, ja, sie setzen die Pathogenese in Gang.

Trotz diesen Fortschritten in der Erkenntnis der pathogenetisch wirksamen Bedingungen (die aus dem zweiten Regelkreis des seelischen Geschehens ihren Einfluß auf das psychosomatische Simultangeschehen entfalten), ist noch vieles im unklaren. Z. B. enthält das Problem der Spezifität seelischer Konstellationen für bestimmte Krankheiten als ein dynamisches, in seiner Vergleichbarkeit schwer zu fixierendes Geschehen nach wie vor viele ungelöste Fragen. Daß wir aber auch da mittels einer Synopsis der physiologischen und der psychologischen Befunde weiterkommen können, ist durch die Untersuchungen von Mirsky[15] belegt. Mirskys Befunden zufolge gibt es Menschen mit angeborener hypersekretorischer und solche mit hyposekretorischer Tendenz. Diese Unterscheidung hilft uns verstehen, warum ein in sich gleichgearteter emotioneller Konflikt im einen Fall zur Ulcusgenese führt, im anderen nicht. Gerät ein Individuum des Hypersekretionstypus (»hypersecretor«) in eine

14 L. Kubie in: *Psyche* VI, (1952), S. 460.

15. A. I. Mirsky: *Persönliche Mitteilung*, und H. Weiner, M. Thaler, M. F. Reiser und A. I. Mirsky, *Psychosom. Med.* XIX (1957).

frustrierende Spannung durch die Unfähigkeit, seiner passiven Haltung, seiner Hoffnung auf Gefüttertwerden nachzugeben, so übersteigt die bereits auf hoher Ausgangsebene liegende HCl-Produktion in dieser psychosomatischen Streß-Situation das tolerable Maß; widerfährt einem Individuum des Hyposekretionstyps das gleiche, so steigt die HCl-Produktion erst auf das Durchschnittsmaß an, das offenbar im biologischen Milieu noch nicht zur Ulcusentstehung ausreichende Bedingungen schafft. Ein wichtiger Befund, der die Klärung des Spezifitätsproblems (d. h. der Hypothese einer spezifischen Konfliktsituation als Motivation einer definierten Krankheit) ein Stück weiter bringt und überdies die Zusammenhänge von Konstitution und Umwelt beleuchtet.

Verlassen wir jetzt das Beispiel des Ulcuskranken, an dem wir, sehr vereinfacht, darzustellen versuchten, wie aus der Vermehrung unseres Wissens von den seelischen Entwicklungs- und Anpassungsvorgängen ein Einblick in immer kompliziertere psychosomatische Vorgänge gelang. Zum Schluß sei noch einer Erkenntnis gedacht, die für die weitere Entfaltung des Konzepts einer psychosomatischen Medizin gerade gegenwärtig Wichtiges beizutragen beginnt.

Die Emotionalität des Menschen ist nicht auf endgültig definierte soziale Rollen festgelegt. Es gibt keine feststehende »Umwelt« für ihn, die seinen Triebbedürfnissen entspräche, etwa im Sinne der »Auslösersituation« für ein Instinktverhalten. Von der allerersten Lebensphase abgesehen, äußert sich Emotionalität beim Menschen nicht »natürlich«. Es beginnt vielmehr rasch die Primärsozialisierung, das Einspielen der Lebensäußerungen auf die Antwortart der Mitmenschen. Der Prozeß der Sozialisierung begleitet fortan alle Lebensabschnitte und verlangt die ihnen gemäße Äußerungsform. Die Funktion der sozialen Regulation der Emotionalität ist der arthaften Umweltgebundenheit der tierischen Instinktregulation vergleichbar. Aber diese Umwelt ist nicht starr und gleichbleibend, sondern einem fortwährenden Wandel unterworfen; zudem wechselt der soziale Stil der vom Individuum verlangten Triebbeherrschung von Gruppe zu Gruppe. Die soziale Matrix bestimmt – in weitgehend unbewußt bleibendem Anpassungs- und Reaktionsgeschehen – die Äußerungsweise der triebgespeisten Affektivität. Das soziale Verhalten ist dadurch charakterisiert, daß Emotionalität (von triebhafter Herkunft) im Stil der zulässigen Äußerungsform gezeigt wird. Und wo dies mißlingt, wo man aus der Rolle fällt, entstehen Emotionen wie Schuldangst, Vergeltungsangst.

Zu dieser »Außenseite« des Verhaltens gehört die Innenseite der Affektverarbeitung, bei der immer ein sozial noch unberührter Triebbereich bestehen bleibt. Die Affektverarbeitung geschieht also in vielfältigen Bezügen zwischen triebgespeister Innenwelt und beschränkender sozialer Außenwelt. Hier entstehen die lebensgeschichtlich unvermeidbaren Konfliktfelder, die die Pathogenese begünstigen. Der intrapsychische Bearbeitungsvorgang jedes Konflikts ist höchst komplex. Normale wie pathogenetische Stereotypien der Reaktion können sich nebeneinander bilden. Ein Hauptcharakteristikum nicht gelungener Sozialisierung ist der Vorgang der Entlastung der bewußten Selbstwahrnehmung von solch inkompatiblen Regungen. Viele solcher im seelischen Regelungsbereich sich vollziehender »Abwehrmechanismen« sind genau beschrieben worden (vgl. Anna Freud[16] und H. P. Laughlin[17] u. a.). Hier entsteht also ein der bewußten Einstellung und Anpassung entzogener unbewußter Bereich affektiver Vorgänge. Und wie wir am Beispiel der unterdrückten emotionellen Bedürfnisse beim Ulcuskranken angedeutet haben, liegt hier ein Zentrum pathogenetisch wirksamer Simultanprozesse.

Was zu einem Verhaltensmechanismus geworden ist, soll, wenn seine pathogenetische Bedeutung erkannt wurde, im Verlauf der Therapie emotionell korrigiert werden. Das kann nichts anderes bedeuten, als daß frühere soziale Erfahrungen durch spätere – eben in der Therapie – überholt werden sollen, wodurch eine weniger konfliktbeladene emotionelle Lebensform ermöglicht werden soll. Daraus folgt, daß das Verhältnis Arzt-Patient in einem sehr neuen Sinn als Medium der Therapie gesehen werden muß. Es ist ein Feld, in dem emotionelles Geschehen eine neue, weniger pathogen wirksame, sozial gelungene Formung erfahren soll. Das Konzept der klassischen Organmedizin sieht den Arzt als funktionelle Größe: seine Leistungen der Diagnosestellung und der Therapie sind objek-

16 A. Freud: *Das Ich und die Abwehrmechanismen*, London 1946.

17 H. P. Laughlin: *The Neuroses in Clinical Practice*, Philadelphia-London 1956.

tiv. Er stellt die Diagnose im Körper und verordnet Drogen, die im Körper wirksam sind, oder handelt am Körper, z. B. chirurgisch. Theoretisch muß seine Leistung als persönlich indifferent aufgefaßt werden. Daß die Person des Arztes von Bedeutung ist, wird freilich auf der sozialen Ebene anerkannt: er ist zuverlässig, grob, freundlich, er versteht sich auf den Umgang mit Menschen – das alles sind Merkmale, die für seinen sozialen Erfolg eine Rolle spielen; für die ärztliche Leistung selbst sind sie keineswegs relevant. Hier zählt allein die objektiv richtige Diagnose und die angemessene Therapie.

Der Arzt, der sich an einem psychosomatischen Konzept orientiert, sieht sich in einer völlig veränderten Lage. Nicht nur, daß ihm, wie erwähnt, der organische Befund in einer Vielzahl der Fälle nicht genug sagt, nämlich ob es sich um einen aus psychosomatischer Simultaneität entstandenen Schaden handelt, und ob von einer emotionellen Korrektur noch oder nicht mehr eine Besserung der Lage zu erwarten ist. Er weiß auch, daß jede menschliche Äußerung auf ein soziales »Feld«[18] hin erfolgt. Daraus ergibt sich, daß von ihm als »Partner« in diesem sozialen Feld jeweils abhängen wird, ob, wie und wieweit sich der Patient äußern kann – und zwar gerade mit Problemen, die seine Umwelt nicht akzeptiert hat. Setzt man dieses Faktum nicht in Rechnung, dann übersieht man, daß das, was man vom anderen erfährt, durch die eigene Person wesentlich konstelliert ist, und kommt demgemäß zu irrigen oder wenigstens unvollständigen Annahmen über das, was im anderen vor sich geht.

Die Erforschung des Verhältnisses Arzt-Patient hat in der Psychoanalyse den Namen der »Übertragungsanalyse« bekommen. In ihr verbindet sich in eigentümlicher Weise der diagnostische mit dem therapeutischen Vorgang. In ihm ist aber die »Objektivität« des Befundes immer auch auf die Tatsächlichkeit eines bestehenden zwischenmenschlichen Verhältnisses zu beziehen. Die Rolle des Arztes in dieser Beziehung kann nicht einfach ignoriert, sie sollte vielmehr so genau wie möglich erkannt werden. Das verlangt von ihm ein hohes Maß an Wachsamkeit sowohl gegenüber den Äußerungen des Patienten als auch den eigenen. Nach einem Wort Michaels Balints[19]

18 K. Lewin: *Field Theory in Social Science*, New York 1951.
19 M. Balint: *Der Arzt, sein Patient und die Krankheit*, Stuttgart 1957.

haben wir die »Droge Arzt neu entdeckt und sind dabei, sie qualitativ zu bestimmen.
Wenn wir heute mit verschiedenen Konzepten der psychosomatischen Medizin Bausteine für eine – wie wir es formuliert haben – *geschichtliche Biologie*, für eine medizinische Anthropologie zusammentragen, so scheint dieses Unterfangen nicht mehr allein für die Heilkunde von Bedeutung, auch nicht nur für die Sozialhygiene, sondern für die Klärung der Bewußtseinslage des Menschen in einer von ihm geschaffenen Umwelt überhaupt. Der Fortschritt von geisteswissenschaftlichen (leibignorierenden) und naturwissenschaftlichen (den geschichtlichen Aspekt der menschlichen Existenz ignorierenden) anthropologischen Entwürfen zu einer Anthropologie des Leibes als Natur und Geschichte scheint heute unabdingbar.

VI. Repetition III: Zusätzliche Gedanken über die Chronifizierung psychosomatischer Krankheiten

1. Kollaps der Erwartung

Wann immer zwischen Arzt und Patient das Wort »chronisch« fällt, entsteht die Stimmung der Resignation. Der Kranke erfährt, daß er sich mit einem chronischen Leiden oder Zustand abfinden muß; der Arzt sieht sich an der Grenze seiner Möglichkeiten; es mag ihm vergönnt sein zu lindern, heilen kann er nicht. Dieser Aura der Hoffnungslosigkeit, Einschränkung, Erwartung einer Zukunft, welche kaum noch Fortschritt und Entwicklung verspricht, und die viele unserer Patienten mit sich in unser Sprechzimmer bringen, gilt der folgende Gedanke. Wie kann man mit einigen therapeutischen Aussichten auf Erfolg den toten Punkt in manchen dieser Fälle überwinden?

Eine banale Feststellung vorab: was chronisch ist, muß akut gewesen sein. Welcher Art sind die Krisen, die nicht vorübergehen, sich vielmehr als etwas dem Bewußtsein des Patienten Fremdes in ihm einnisten, das mit ihm mitlebt, aber gegen ihn lebt? Die Romanliteratur ist voll von Beschreibungen solch endgültiger Dissoziationen. Es sind Beispiele einer intuitiven, aber rudimentären Phänomenologie. Ein aktuelles Geschehen, das nicht bewältigt wird oder, genauer, ein Kollaps der Erwartung, auf den nichts anderes folgt als Siechtum, Entfremdung des Schicksals, eine Wunde der Enttäuschung, die sich als körperliches Leiden offen, unvernarbt, unvergessen hält: all das findet sich oft überzeugend dargestellt. Der Schriftsteller sieht darin den Werkstoff, den er für seine Geschichte braucht. Figuren, für die das Leiden zur unabänderlichen Tatsache geworden ist, sind ihm gleichsam Fixpunkte, auf denen er das bewegte Geschehen aufruhen lassen kann. Doch warum wird eine Szene, eine Konstellation, eine innere Erfahrung – kurz, all das, was wir im Wort »Krise« begreifen – so übermächtig, so ohne Aussicht erlebt, die Dinge zum Besseren wenden zu können? Und wann vollzieht sich der Umschlag von Enttäuschung,

Ohnmacht in körperliche Krankheit? Vielleicht wäre besser zu fragen: wann verschieben sich in der Niedergeschlagenheit, die immer auch in einer Vielfalt physiologischer Prozesse sich realisiert – wann verschieben sich in der Hoffnungslosigkeit die Bewältigungsversuche aus dem Bereich des Seelischen, von der Auseinandersetzung mit den Objekten der Welt, in den Bereich des eigenen Leibes und seiner Leistungen, so daß nun die Leistungen leiden und der Mensch daran krankt statt an der Last überstarker Erregungen, aus denen er keinen Ausweg findet? In jedem Falle bleibt etwas von der ursprünglichen sozialen Krise erhalten. Der chronisch Kranke hält an ihr, sei es tatsächlich, sei es in seiner Phantasie, fest, nur eben als Kranker; als einer, der krank, schwach ist und zugleich neue Macht gewonnen hat. An den Darstellungen der Schriftsteller kann man jedenfalls erkennen, wie die Entstehung chronischer psychosomatischer Leiden in die Dynamik eines Gruppengeschehens eingebettet ist.

Man könnte sich solche Schilderungen sehr gut um einen Arzt bereichert vorstellen, der den langsamen Verfall der Kräfte mit seinen Mitteln einzudämmen bemüht ist, aber im Grunde von der unbenannten Kraft, die dieses Geschehen lenkt und in Gang hält, ins Schlepptau genommen wird; der seine Besuche abstattet und Rezepte ausstellt, aber gegen die Dynamik und die Struktur des Leidens nichts auszurichten vermag. Jedem Arzt sind solche Situationen, in denen er gezwungenermaßen zum Mitspieler wird, vertraut.

2. *Ätiologische Formel für die Chronizität*

Das Thema Chronifizierung ist systematisch kaum bearbeitet worden, insbesondere nicht in der Organmedizin. In den meisten Lehr- und Handbüchern fehlt das Stichwort überhaupt. Das wird sogleich verständlich, wenn man sich an die Verschiedenheit chronischer Krankheitsprozesse erinnert. Was ist chronifizierend an einem essentiellen, was an einem nephrogenen Hochdruck, was macht die Chronizität einer Lungentuberkulose oder eines Lupus, und was die eines Ekzems aus? Welcher Art ist sie bei einem periodisch wiederkehrenden Ulcus oder Asthmaanfall, gar bei einer Epilepsie? Manche Menschen sind chronisch schlaflos, andere klagen über einen ebensolchen Kopfschmerz, wieder andere haben seit Jahrzehnten ihren Migränetag. Ist die Dauer solcher Zustände schon ein Grund, daraus eine pathogenetische Kategorie abzuleiten? Gibt es überhaupt eine Ursache für die Dauer der Erkrankung, oder sind es zahllos viele? Kann man erwarten, einige »ätiologische Formeln« (S. Freud) zu finden, die chronisches Kranksein spezifisch erklären? So daß man sagen könnte, es müsse sich etwas im Gesamtgeschehen dieser individuellen psychobiologischen Einheit ereignet haben, damit aus einem akuten ein chronisches Kranksein – sei es schleichend, sei es anfallweise chronisch – werden kann?

Wir müssen bekennen, eine schlüssige Antwort darauf nicht zu besitzen, obgleich einige Beobachtungen und Ideen, die in diese Richtung zielen, hier mitgeteilt werden sollen. Ob tatsächlich nur *eine* Ursache zur Erklärung der Chronifizierung eines nephrotischen Prozesses und der Schlaf-Wach-Rhythmusstörung einer schweren Asomnie herangezogen werden kann, ist zu bezweifeln. Diese weit auseinander liegenden Störungen wurden aber absichtlich gewählt, um, bevor eine Arbeitshypothese entwickelt wird, eine Klärung im Hinblick auf die Vergleichbarkeit solcher Phänomene zu versuchen.

Chronizität kann für eine bestimmte Funktionsstörung charakteristisch und trotzdem reversibel sein. Andererseits kennen wir chronisch verlaufende Prozesse, in denen eine irreversible Veränderung des Substrates und demzufolge auch der Funktionen sich vollzieht, z. B. arteriosklerotische Veränderungen; auch die sogenannten primär chronischen Erkrankungen (wie die primär chronische Entzündung), das heißt besonders maligne Formen, gehören hierher. An diesen irreversiblen Verläufen läßt sich eine zusätzliche Unterscheidung treffen: das Kriterium dabei ist, ob sie vorwiegend im Alter auftreten oder »unzeitgemäß« sind, also Krankheitseinbrüche in die normale Lebenskurve darstellen. In unserem Zusammenhang ist die Rede nur von chronischen Krankheiten im engeren Sinne der unzeitgemäßen Störungen, sei es der anhaltenden Funktionsanomalien ohne bleibende Veränderungen im organischen Korrelat, sei es der Verläufe mit Funktionsänderungen und -einbußen durch bleibende Entdifferenzierung der spezifischen Struktur. Dabei müssen wir im Hinblick auf unsere Hypothese gleich eine weitere Einschränkung machen: das psychosomatische Simultangeschehen ist durch hohe Integrationskraft (z. T. auch Reparationskraft) gegenüber Noxen ausgezeichnet. Die Homöostase (Cannon) wird von zwei Organisationsprinzipien (oder -kernen), dem somatisch-organismischen und dem psychischen, gewahrt, die ohne ihre wechselseitigen Beziehungen, allein, nicht funktionsfähig sind. Unter dem psychischen Organisationsprinzip verstehen wir aber nicht das Zentralnervensystem mit seiner biologischen Differenzierung, sondern die Ordnung des Wahrnehmens, Verstehens, des Bewußtseins, Phantasierens, des unbewußt Gewordenen; das »System Ubw« im Sinne Freuds scheint diejenige psychisch erfahrbare Organisationsform zu sein, die dem Organisationsbereich des Organismischen am nächsten steht, den wir nicht mehr als Psychisches unmittelbar, sondern nur durch Psychisches repräsentiert erfahren können.

Irreversible Störungen gibt es nun nach unserer Auffassung in den beiden polaren Bereichen der psycho-biologischen Einheit, und zwar können sie aus Noxen entstehen, die genuin die eine oder andere Organisationsform betreffen. Beispiele für Schädigungen, welche Teile der somatischen Struktur vernichten, erübrigen sich, weil sie allgemein bekannt sind. Für die psychische Struktur ist der Nachweis sehr viel komplizierter. Die einfachen Beispiele, die dann zugleich wieder auf die enge Verbundenheit der Organisationsprinzipien untereinander verweisen, könnte man der tierischen Verhaltenslehre entnehmen, etwa daß bei manchen Tieren, z. B. den Entenvögeln, die »Prägung« (K. Lorenz) auf Elterntiere befristet und dann unabänderlich ist; eine Fehlprägung in dieser kurzen Zeitspanne kann nie mehr korrigiert werden. Oder ein besseres Exempel: daß das Verhalten und die körperliche Entwicklung in Sozialgruppen lebender Tiere von deren Stellung in der Rangordnung bestimmt ist, so daß ein ständig auf niederen Rangstufen lebendes, also aggressiv gehemmtes Tier »mehr oder weniger infantil« bleibt, eine »psychologische Sterilisierung« erfährt[1].

Es ist an die Direktbeobachtungen von R. Spitz[2] und J. Bowlby über die Wirkung des Verlustes der Mutter im ersten Lebens-

1 A. Remane: *Das soziale Leben der Tiere*, Hamburg 1960, S. 158.

2 R. A. Spitz: *Die Entstehung der ersten Objektbeziehungen*, Stuttgart, 2. Aufl. 1960.

jahr des Kindes zu erinnern; sie zeigen uns (ähnlich wie die Versuche von Havvy F. Harlow[3], der Rhesusaffen ganz früh von ihren Müttern trennte), daß frühe Entbehrungssituationen, im Sinne des Verlustes der zentralen affektiven Beziehungsperson, einen bleibenden Einfluß auf die Art der affektiven Kontakte haben, die dieser Mensch in seinem späteren Leben anzuknüpfen in der Lage ist. Und zwar sind die Folgen durchaus psychosomatisch. Eine Mutter, die den Hautkontakt mit ihrem Kinde affektiv abwehrt, wird im Kind eine Störung in der affektiven Besetzung dieser Leibregion begründen. Eine Störung der primären Zweierbeziehung (die »Grundstörung« Michael Balints[4], das erschütterte »Urvertrauen« Erik H. Eriksons[5]), die in solchen Leiberfahrungen der Frühzeit erlebt wird, bestimmt unausweichlich alle späteren Beziehungen, die in ähnlicher Weise affektiv getönt sind. Ein von derartigen Erfahrungen betroffener Mensch vermag später vielleicht überhaupt keine tiefergehenden, ihn »berührenden« emotionellen Beziehungen anzuknüpfen und reziprok tragfähig zu machen. Vieles ist hier unserer Kenntnis noch verborgen, aber wir meinen, daß die psychoanalytische Unbehandelbarkeit (etwa die Unfähigkeit, eine Übertragung herzustellen oder sie zu nutzen) bei vielen Patienten nicht allein von unserer mangelhaften Technik, sondern von der zu irreversibler Starrheit veränderten Eigenart ihrer seelischen Reaktionen und Leistungen bestimmt ist. In diesen Fällen liegt eine Zerreißung des psychosomatischen Simultangeschehens vor. Der betreffende Kranke ist nicht mehr empfindlich für neue Erfahrungszusammenhänge, er vermag nicht mehr zu lernen, sich nicht mehr emotionell zu korrigieren; sein Wahrnehmungssystem ist durch unbewußte Projektionsmechanismen (Erwartungshaltungen) und ihre Stereotypie behindert. Eine solch unbeeinflußbare, sich wiederholende Verhaltensweise affiziert nicht nur die Seite des psychischen Organisationspols, sondern wirkt als »rigide Haltung« oder emotionelle Unfähigkeit, Gefühle leibhaft vollziehen und damit erst erleben zu können, natürlich

3 Havvy F. Harlow: *Sexual Behavior in the Rhesus Monkey.* In: Frank A. Beach (Editor), *Sex and Behavior,* New York 1965, S. 234 ff.

4 Michael Balint: *Der Arzt, sein Patient und die Krankheit,* Stuttgart 1957.

5 Erik H. Erikson: *Kindheit und Gesellschaft,* Stuttgart 1965.

auch auf das gesamte psychobiologische Gleichgewicht wie ein schwerer Streß.

Die Chronifizierung einer Funktionsstörung kann sich rasch vollziehen und doch heilbar bleiben, oder sie kann sich einschleichen und irreversibles Geschehen ankündigen. Ein harmloser Prozeß (wie das Wachstum eines Fibroms in der Subcutis) oder ein zur letalen Dekomposition des Gesamtorganismus führender (wie ein Malignom) hat Chronizität. Doch das ist nicht unser Thema. Daß man ein Fibrom oder ein Carcinom operativ im rechten Moment beseitigen und auf diese Weise heilen oder eine Diabetes mit Diät und Insulin kompensieren kann, interessiert in diesem Augenblick theoretischer Überlegung nicht. Unser Gegenstand ist die »Chronifizierung« – also der Prozeß in statu nascendi. Was liegt der unwiderruflichen Zerreißung des psychosomatischen Simultangeschehens zugrunde? Wie kommt die partielle Autonomie somatischer und psychischer Prozesse zustande? In jedem Fall erkennen wir ein partielles Autonomwerden eines Leistungsbereiches als den Beginn des Chronifizierungsvorganges.

3. Probleme der psychischen Organisation

Dieses partielle Autonomwerden eines Organisationsprinzips, des somatischen oder des psychischen, bedeutet – von den wenigen Fällen abgesehen, in denen diese Autonomie in der Gesamtorganisation vorgesehen, also »normal« ist – pathologische Entwicklung.

Rothschuh[6] meint, es seien relativ wenige »Elemente und Betriebsglieder«, die sich »der neurohumoralen Beeinflußbarkeit entziehen, vielleicht die Struktur des Eiweiß im Muskel, die fermentative Aktivität der Zellkerne und Mitochondrien, die intrazelluläre Ionenwirkung, die O_2-Bindung des Hämoglobins. Überall aber, wo neurohumorale Einflüsse auf dem Weg über Beeinflussung von Grenzflächen und Membranen bis in die intrazellulären Prozesse wirken können, ist noch eine ›psychogene‹ Beeinflussung denkbar«.[7] Die Grenze, bis zu der psychosomatisches Geschehen vorstellbar ist, läßt sich genau

6 K. E. Rothschuh: *Theorie des Organismus*, München/Berlin 1959.
7 Op. cit., S. 271.

angeben. »Was sich der nervösen oder hormonalen Zentralbeeinflussung direkt oder indirekt entzieht, kann nicht ›psychogen‹ entstehen.« Das gilt gleicherweise für normale wie für neurotisch determinierte Aktivitätszustände. Auch wenn man die Vielzahl der hormonellen Einflußmöglichkeiten und die bessere Kenntnis der Bahnen zwischen Neocortex und Hirnstamm, die wir seither erworben haben, in Rechnung stellt, bleibt das Grundproblem das gleiche wie zu Freuds Zeiten: wir wissen eine Menge über die Wege, auf denen Erlebnisse sich somatisieren, aber sehr viel weniger über die psychischen Strukturen, in denen die Sinneserfahrungen und Symbolwahrnehmungen ausgesondert und ihnen die jeweiligen Bedeutungen (ihr kollektiv oder individuell gültiger Symbolwert) zugeordnet werden. Von einer unangemessenen Einschätzung der »Nachrichten« mag aber schließlich der Anstoß zur Störung somatisch mit der Erregung gekoppelter Leistungsvorgänge ausgehen.

Das Problem, ob wir uns die psychosomatische Einheit aus einem einzigen Organisationskern – also monistisch – oder wenigstens zweipolig organisiert vorstellen sollen, ist nur schwer heuristisch zu lösen. Rothschuh meint – wie dies sicher auch der Auffassung Freuds[8] in der Zeit des »Entwurfs einer Psychologie«[9] entsprochen hätte –, daß das Seelische im Somatischen »keinerlei Reichweite« habe, »da es sich nur um ein Innewerden bzw. ein Erlebnis bestimmter zentralnervöser Aktivitätsformen handelt«.[10] Diese Aktivitätszustände können, wie eben erwähnt, fast alle Körpervorgänge in ihrer Leistung beeinflussen. Eine Seite des Geschehens ist hier sicher zutreffend formuliert. Das eigentliche Problem erhebt sich jedoch erst dort, wo zur Debatte steht, wie diese »zentralnervösen Zustände, die sich an Umweltereignisse, Sinneswahrnehmungen, Worte usw. anschließen«[11], sich dynamisch gestalten. Und in diesem Punkte läßt Rothschuhs Darstellung die eigentümlichen intrapsychischen Vorgänge (also die Affektrepräsentanz der Triebe, die kritischen Denkvorgänge, die Phantasie) außer acht,

8 S. Freud: *Aus den Anfängen der Psychoanalyse*. Eingeleitet von E. Kris, London 1950.
9 Op. cit., Seite 371 ff.
10 K. E. Rothschuh, op. cit., Seite 271.
11 Op. cit.

die doch ein entscheidender Bestandteil unseres Seelenlebens sind; es wird keineswegs allein durch die Bearbeitung äußerer Reize in Gang gehalten.

Für unsere gegenwärtige Überlegung, welche seelischen Konstellationen einen Krankheitsprozeß mit körperlicher Symptombildung chronifizieren, ist es gerade deshalb unerläßlich, sich dreierlei vor Augen zu halten: 1. daß eine Leistungsumstimmung fast aller Vorgänge im Organismus aus »dem seelischen Erleben zugrundeliegenden Aktivitätszuständen«[12] über zentralnervöse und neurohumorale Beeinflussung möglich ist; 2. daß seelische Vorgänge die Eigenart haben, sich nach psychischen Gesetzlichkeiten zu organisieren, und zwar nach Sinnzusammenhängen und auf Grund der Möglichkeit der Psyche, Symbole zu verstehen und selbst Symbole zu bilden; 3. daß die Bildung psychischer Strukturen eine besondere Entwicklung durchläuft, die dadurch ausgezeichnet ist, daß vom jeweils erreichten Stadium unter besonderer Belastung Rückfälle oder Rückgriffe auf primitivere Entwicklungszustände erfolgen können. D. h., es können progressive und regressive Prozesse in der Integration des seelischen Geschehens gleichzeitig stattfinden. Nach Auffassung der psychoanalytischen Forscher sind es die regressiven Akte, die sich in krankhaften Äußerungen, sei es des psychischen Verhaltens, sei es des somatischen Geschehens, manifestieren.

Nimmt man mit R. Grinker[13] die Feldtheorie zur Erklärung der psychosomatischen Vorgänge zu Hilfe und stellt sich die vitalen wie die seelischen Prozesse in einem Kontinuum von Soma, Psyche, Gruppe, Gesellschaft, Kultur vor, in dem jedes Teil beeinflussende Umwelt für alle anderen ist, dann hat man einen noch besseren Zugang zum Verständnis der Doppelläufigkeit psychischer Dynamik; Soma, Gesellschaft, Kultur haben ein Fatum, das dem Ende, dem Tod zuläuft; innerhalb der psychischen Dynamik aber gibt es Erinnerung oder, genauer, Erinnerungsspuren. Unter dem Druck von Angst (Realangst, doch insbesondere neurotischer Angst) können diese in einer der Zeit entgegenlaufenden Weise regressiv belebt werden, und

12 Ders., Op. cit.

13 R. R. Grinker: *Some Current Trends and Hypotheses of Psychosomatic Research.* In: F. Deutsch (Hrsgb.): *The Psychosomatic Concept in Psychoanalysis,* New York 1953.

zwar derart, daß sie mehr oder weniger intensiv alle anderen Erfahrungsmöglichkeiten überschatten und zur bestimmenden Erlebnisrealität werden. Die Spannung, die sich aus physischem und sozialem Entwicklungsalter (äußere Realität) und dem Zurückstreben nach archaischen Formen der Angstvermeidung oder der libidinösen und aggressiven Sättigung (phantasierter Erlebnisrealität) ergibt, schafft die Voraussetzungen für Funktionsstörung und pathologische Strukturveränderung.

Die dynamischen Vorgänge des Aufbaus unserer seelischen Organisation, die mit der frühesten körperlichen Entwicklung synchron einsetzen, lassen sich nur ungenügend in der Analyse zentralnervöser Abläufe erfassen. Das Zentralnervensystem ist lediglich die unerläßliche Matrix für diese Abläufe, nicht ihr Organisator.

Damit wird nicht eine somalose Psyche postuliert, die der zentralnervösen Matrix sich bediente. Es soll vielmehr ausgedrückt werden, daß unsere gegenwärtige Fähigkeit, Hirnstrukturen und -funktionen zu beschreiben und zu messen, und unsere Fähigkeit, seelisches Geschehen zu beobachten und als sinnvoll zu verstehen, nicht miteinander korrespondieren. Die Strukturierungsvorgänge des seelischen Geschehens verlangen eine eigene Untersuchungsweise; daß ihnen Funktionen der Hirnsubstanz entsprechen müssen, ist nicht bestreitbar, hilft aber dem *Verstehen* nicht weiter.

Der Organisationsvorgang im Seelischen integriert sowohl Körpergefühle als auch die durch Sinneswahrnehmungen vermittelte Außenwelt, die jedoch vom Lebensbeginn an Bedeutung hat und nur kraft solcher Bedeutung zu unserer »Welt« wird. Daß diese Bedeutung im bewußten und im unbewußten seelischen Bereich sehr verschieden sein kann, braucht kaum erwähnt zu werden. Für unser Verständnis stellt es sich demnach so dar, daß der psychische Apparat sich in einer bipolaren Einheit[14] mit den organischen Wachstums- und Reifungsvorgängen entwickelt. Er erlangt schließlich im Ich »eine durch eine konstante Energiebesetzung ausgezeichnete Organisa-

14 Eine ähnliche Idee findet sich bei L. S. Kubie: *Some Implications for Psychoanalysis of Modern Concepts of the Organization of the Brain.* In: *Psychoanal. Quarterly* 22 (1953). Kubie spricht von einem »bipolaren Symbol«, dessen einer Teil aus dem neuralen System, dessen anderer aus den Erfahrungen der Wahrnehmung (perceptual experience) stammt.

tion«[15], der es zufällt, zur somatischen Homöostase das »seelische Gleichgewicht« zu halten. Zwar bedarf es zu alledem der genetisch verankerten Entwicklung des Gesamtorganismus mit seiner zentralnervösen Integrationsleistung; doch diese stellt, um es zu wiederholen, nur die Vitalvoraussetzung für den Aufbau der psychischen Organisation dar. Es ist deshalb unwahrscheinlich, daß man die psychosomatische Identität anders als in einem Modell begreifen könnte, in dem es sowohl genetisch verankerte und sich selbst steuernde Organleistungen (vom Körperwachstum über alle vegetativen Stoffwechselvorgänge bis zur Rhythmusbildung der Herzfrequenz) als auch einen zweifellos aufgrund von somatischen Vorgegebenheiten arbeitenden »seelischen Apparat« (Freud) gibt, dessen Tätigkeit einer eigenen Gesetzlichkeit unterliegt. Er ist den Feldeinflüssen der natürlichen Umwelt wie der sozialen Mitwelt ausgesetzt. Die Regeln der letzteren fordern eine »primäre Repression« von autistisch sich äußernden Triebansprüchen des Organismus. Gleichermaßen hängt aber die Entwicklung des Körper-Ichs, also die integrierte Wahrnehmung des Leibes und seiner Funktionen, besonders der Triebbedürfnisse, von einer Fülle »sekundärer Repressionen« ab, die der jeweilige Lebensstil abverlangt. Hierauf hat Herbert Marcuse in seinem wichtigen Buch *Triebstruktur und Gesellschaft*[16] hingewiesen.

Wie immer das Problem Leib-Seele-Einheit sich metaphysisch ausnehmen mag, vom pragmatischen Standpunkt des Arztes aus kann ein monistisches Organisationsmodell nicht genügen. Die Anerkennung eines psychischen und eines somatischen Organisationskerns wird in dem Augenblick unerläßlich, in dem man die nicht allein biologische Organisationsform seelischer Abläufe zu verstehen sucht.

4. *Vier Voraussetzungen der Chronifizierung*

Es muß wiederholt werden, daß wir keine Theorie der Chronifizierung, sondern, um der scharfsinnigen Kritik J. Wisdoms[17]

15 Siehe E. Kris in S. Freud: *Aus den Anfängen der Psychoanalyse.* Frankfurt 1950, S. 33.
16 H. Marcuse: *Triebstruktur und Gesellschaft,* Frankfurt 1966.
17 J. O. Wisdom: *On a Differentiating Mechanism of Psychosomatic Dis-*

zu folgen, bestenfalls Ideen zu einer solchen vorzubringen haben.

Zunächst seien kurz die vier Voraussetzungen genannt, von denen wir annehmen, daß sie bei der Chronifizierung eines psychosomatischen Leidens eine bedeutsame Rolle spielen:

1. Ein chronisches psycho-somatisches Leiden sensu strictiori kann sich nur aufgrund einer neurotischen Fehlanpassung entwickeln. Chronische somatische Symptome ohne solche Vorgeschichte, die psychosomatisch einzuordnen sind, sind uns nicht begegnet.

2. In einem chronifizierten Symptom solcher Genese vollzieht sich die Resomatisierung eines Affektgeschehens, im Sinne einer Regression. Desomatisierte Bewältigungsformen des Affektes, die zur normalen Entwicklung und Reifung gehören, werden partiell rückgängig gemacht.

3. Als Auslöser wirkt ein realer oder phantasierter Objektverlust; und zwar der Verlust eines Objektes, das eine zentrale Rolle in der neurotischen Fehlanpassung spielte und das diese Anpassung, so eingeschränkt sie sein mochte, stabilisieren half.

4. Die nun entstehende Grundstimmung von Hoffnungslosigkeit und Hilflosigkeit ist nicht realitätsbezogen, sondern entspricht einer Projektion. Maßgebend für die Stimmung der Aussichtslosigkeit sind regressive Besetzungen innerer, und zwar archaischer, Objekte von der Art eines primitiven Über-Ichs.

Zum ersten Punkt eine Beobachtung, die sich auf anderthalb Jahrzehnte und eine große Zahl von Patienten, die wir in dieser Zeit gesehen haben, erstreckt. Von den seltenen Fällen einer primär chronischen Erkrankung abgesehen, kann nach unserer Auffassung ein Geschehen, von dem vorausgesetzt werden darf, daß es »psychogen« beeinflußbar ist, sich nur auf dem Boden einer neurotischen Entwicklung der Persönlichkeit chronifizieren. Erst eine chronifizierte Störung des »seelischen Gleichgewichts« durch emotionelle Notlagen und Konflikte, deren das Ich nicht Herr werden kann, schafft ihrerseits die Vorbedingungen für den chronischen Druck (Streß), unter dem

order, in: *Intern. J. Psycho-Anal.* Nr. XI (1959), S. 134 ff. Wisdom übt hier Kritik an den »zwingenden Ideen« und den bestehenden Theorien der psychosomatischen Medizin.

eine körperliche Symptomatologie zu einer chronischen werden kann.

Es wird wohl nicht bestritten, daß die Neurosen der Schulfall chronischer Erkrankungen sind, auch wenn ihre Symptome intermittierend oder variierend auftreten oder sich in den verschiedenen Lebensabschnitten mit ihren spezifischen Anforderungen in unterschiedlicher Heftigkeit zeigen. Je mehr wir uns von einer Neurosenauffassung entfernen, die zu eng auf ein jeweiliges Syndrom – eine Krankheitseinheit neurotischer Art – achtet, und die Neurose im Kontext der gesamten Charakterstruktur begreifen lernen, desto klarer zeigt sich uns die Permanenz einer psychoneurotischen Fehlanpassung und ihr Bedeutungs- und Ausdruckswandel während eines Lebenslaufes; die Symptome markieren dann sozusagen nur die Stationen der mehr oder weniger eingeschränkten Entwicklung bis zum Versagen im Sinne klinischer Krankheit. In der langen Zeit, in der wir nun chronische Krankheitsbilder der klassischen Medizin beobachtet haben, hat sich uns diese Tatsache so eindeutig bestätigt, daß wir uns berechtigt fühlen, hier ein spezifisches ätiologisches Moment erkannt zu haben – womit allerdings noch nicht gesagt ist, daß wir die »ätiologischen Formeln« einfach zu dechiffrieren vermöchten. Unsere Beobachtung beschreibt also vorerst das spezifische ätiologische Moment generell, ist aber noch kein Beitrag zu einer Theorie der Spezifität der Erkrankungen. Diese hätte zu erklären, warum sich einmal Verwahrlosung oder antisoziales Verhalten, das andere Mal ein rein psychoneurotisches oder ein psychotisches Geschehen oder schließlich eine psychosomatische Krankheit einstellt. Ich will jedoch gleich an diesem Punkt einem häufig vorgetragenen Einwand begegnen: Wir haben immer wieder zu hören bekommen, bei den Fällen, mit denen man uns bekannt machte, handle es sich um Kranke, die neben einer Organkrankheit an einer Neurose leiden, die Auswahl unseres Krankengutes sei daher nicht signifikant für die jeweilige Krankheitsgruppe. Dem ist insofern zuzustimmen, als eine weit umfänglichere und systematischere Beweisführung, als wir sie zu geben vermögen, notwendig erscheint. Andererseits sei betont, daß der Arzt mit der heute üblichen Vorbildung leider nicht in der Lage ist, eine sichere neurosenpsychologische Diagnose zu stellen, von ihm deshalb auch nicht verlangt werden kann, die nicht neurotischen von den neurotischen Kranken seiner Klientel sicher zu unterscheiden. Je besser es uns gelungen ist, einzelne Ärzte für die psychosomatische Fragestellung zu gewinnen, und je mehr wir ein unausgelesenes Krankengut zur Behandlung bekamen, desto deutlicher hat sich die Richtigkeit unserer soeben beschriebenen pathogenetischen Auffassung herausgestellt. Hatten wir anfangs hauptsächlich die allerschwersten und inveterierten Fälle zur Behandlung bekommen, so konfrontiert man uns jetzt mehr und mehr mit den sogenannten typischen Krankheitsbildern, und zwar ehe sie Züge irreparablen chronischen Siechtums zeigen. Doch die neurotische Fehlentwicklung ließ sich an beiden Gruppen ablesen.

5. *Kategorien »ätiologischer Momente«*

Freud unterschied in einer frühen Arbeit[18] drei Kategorien »ätiologischer Momente«: »a) Bedingungen; b) spezifische; c) konkurrierende oder Hilfsursachen«. Unter »Bedingungen« versteht Freud »jene Momente, die zur Erzielung des Effektes zwar unentbehrlich sind, diesen aber nicht für sich allein erzielen können, sondern der spezifischen Ursachen hierzu bedürfen«.

Als *Bedingung* wirkt wohl in erster Linie das hereditär-genetische Moment. Wobei man berücksichtigen muß, daß die »Konstitution«, wie sie sich entfaltet, nur als psychosomatische gedacht werden kann, eine mit Beginn des Lebens einsetzende kreisförmige Ursache-Wirkung-Verknüpfung (feed-back) somatischer und psychischer Dynamismen. An diesem konstitutionellen Entwicklungsgeschehen macht sich das neurotische fest und wird so in den feed-back mit einbezogen.

Was nun die Kategorie der *spezifischen* Ursachen für die Chronifizierung einer psychosomatischen Organkrankheit betrifft, so liegt sie, wie schon erwähnt, in der Störung des psychobiologischen Reifens durch versagende oder verwöhnende Fixierung an emotionelle Notlagen, Konflikte und deren Be-

18 S. Freud: *Zur Kritik der »Angstneurose«*, in: *Wiener klinische Rundschau 1895*. Vgl. *Bibliographie und Inhaltsangaben der Arbeiten Freuds bis zu den Anfängen der Psychoanalyse*, in: *Intern. Zschr. f. Psychoanal. und Imago* XXV (1940), S. 88 ff.

wältigungsversuche in den frühen Entwicklungsstufen des Individuums. Die später reifenden integrativen Ichleistungen vermögen die Fesselung an derartige stereotypisierte Erlebnis- und Reaktionsweisen nicht zu lösen. Im Ganzen der Reifungsvorgänge wirken sie alsbald als schwere Belastung, als chronischer Streß, der je nach der Intensität der affektiven Besetzung und den vom Ich angewandten Abwehrmechanismen zu einer sich etablierenden Störung von Organleistungen führen kann.
Die spezifischen Ursachen aber, sagt Freud, »unterscheiden sich von den Bedingungen dadurch, daß sie nur in wenigen ätiologischen Formeln auftreten«. Wir glauben zwar, in der generellen Vorbedingung einer neurotischen Fehlentwicklung eine allen spezifischen ätiologischen Formeln gemeinsame Komponente angeben zu können – die einzelnen »Formeln« jedoch können wir vorerst nur mehr oder weniger vage erahnen. Eben deshalb können wir nur davon sprechen, Ideen zu einer Theorie der Spezifität zu besitzen, nicht diese selbst.

6. *Ein klinisches Beispiel*

Vor der weiteren Erläuterung der genannten Voraussetzungen der Chronifizierung sei kurz ein Fall skizziert, damit wir wenigstens auf ein Anschauungsfragment als Stütze zurückgreifen können.[19]
Ein fünfundfünfzigjähriger Landwirt leidet seit drei Jahren an einem Analekzem. Bis vor einem Jahr hat ihn das wenig gestört. Seither fühlt er sich schwach und depressiv. Das Ekzem breitet sich aus, ergreift Genitale, Bauch, Leistenbeuge, Oberschenkel, juckt stark. Ein progressives und sich chronifizierendes Geschehen, das der Therapie trotzt.
Der Patient hat nach seiner Rückkehr aus der Kriegsgefangenschaft den, wie er sagt, sehr vernachlässigten Hof seines Schwiegervaters übernommen und ihn »hochgebracht«. Das war bei der altmodischen und allen Neuerungen abholden Einstellung seiner Frau nicht leicht. Er hat viel gearbeitet. Überhaupt schildert er sich als sehr ordentlich und gewissenhaft. Seinen Ordnungssinn demonstriert er mit der Bemerkung, daß er

19 Die Mitteilung des Falles verdanken wir unserem Mitarbeiter, Professor Clemens de Boor.

nachts im Dunkel alles finden könne, was er suche. Seit er sich erinnern kann, verrichtet er morgens nach dem Erwachen seinen Stuhlgang.

Zu dieser sozialisierten Seite seiner anal-betonten Charakterstruktur gehört aber eine aggressive Gehemmtheit auf Grund unbewußter Schuldgefühle von ausgesprochen neurotischem Ausmaß. Der Patient gibt, um des lieben Friedens willen, in allem nach, auch wo er eindeutig im Recht ist und seine soziale Rolle zu verteidigen hätte. Das erste Beispiel einer Kränkung, gegen die er sich nicht zu wehren vermochte, das er uns mitteilt, hat nicht nur charakteristischerweise mit Geld zu tun, sondern läßt auch komplex die verdrängte und schuldhaft besetzte sadistische Komponente der Analität erkennen. Seine Frau war vor fünf Jahren auf der Landstraße angefahren worden und hatte einen Schädelbruch erlitten. Der Prozeß zog sich zwei Jahre hin, dann erfolgte eine Abfindung in Höhe von 4000 DM. Der Patient hatte landwirtschaftliche Maschinen angeschafft und diesen Betrag einkalkuliert. Seine Frau gab jedoch der ältesten der drei Töchter 1000 DM, ohne seine Widerrede zu beachten. Das hat ihn tief gekränkt. Nach diesem Ereignis begann die Erkrankung.

Dann starb die Mutter des Patienten. Bei ihr war er sehr anerkannt. Als der älteste Sohn vertrat er im Ersten Weltkrieg den eingezogenen Vater. Er habe schon damals, mit 12 Jahren, mustergültig gerade Furchen beim Pflügen gezogen. Er sei ganz der Art der Mutter nachgeschlagen. Seit ihrem Tod hatte er niemanden mehr, mit dem er sich aussprechen konnte. Der Kranke hat sein ganzes elterliches Erbe allmählich in den Hof, der das Erbe seiner Frau ist, investiert. Er will mit ihr einen Ehevertrag zu gleichen Hälften des Besitztums schließen und den Hof später als ganzen dem Erben vermachen. Die Frau stimmt in den Besprechungen zu, der Vertrag wird aufgesetzt; als der Notar kommt, lehnt sie es kategorisch ab zu unterschreiben. Nun war der Patient hoffnungslos gekränkt, wiederum ohne sich zur Wehr setzen zu können. Er ließ alles laufen. Er sei in ganz kurzer Zeit »grau und faltig« geworden, vergeßlich und depressiv, »eben altes Eisen«. Unmittelbar nach dem gescheiterten Vertrag setzt die Ausbreitung und Intensivierung des Ekzems ein.

Ein weiteres Erlebnis verstärkte die Hoffnungslosigkeit. Bis vor zwei Jahren war der Patient der einzige Mann auf dem Hof gewesen. Kurz vor dem Tod der Mutter heiratete die zweite der Töchter, und der Schwiegersohn zog ein, jung, tüchtig, energisch, aber unerfahren. Doch stellte die Frau des Patienten sich auf seine Seite; und auch hier kapitulierte der Patient.

Die intensivste Mitteilung, die der Patient im Gespräch – verbal und nichtverbal – macht, ist seine *Hoffnungslosigkeit*, auf deren Bedeutung für die Chronifizierung wir schon im 3. Kapitel hingewiesen haben. Nicht nur wurden seine Lebenspläne durchkreuzt, erlebte er Erniedrigungen, von denen er meint, er könne sie nie mehr ausgleichen, er erfuhr auch den Tod der geliebten Mutter. Alle Erfahrungen, nicht nur diese letztgenannte, haben in seinem Urteil einen definitiven Charakter; er sieht sich als gebrochenen Mann, »altes Eisen«.

Sucht man die psychodynamische Formel für diese äußerste Hoffnungslosigkeit, so treten zwei Momente besonders deutlich hervor: der Verlust eines äußeren Objektes von zentraler Bedeutung für den Kranken (der Tod der Mutter) korrespondiert dem Zusammenbruch seines Ich-Ideals. Dieses Ich-Ideal ist nun seinerseits abhängig von (oder hat teil an) einer Vielzahl innerer Objekte, die sich im Laufe der libidinösen und Ich-Entwicklung gebildet haben. Wir haben den Preis, um den der Patient eine libidinöse Beziehung speziell zur Mutter aufrechterhalten konnte, kennen gelernt, eben die Analität seines Charakters: »Ordentlichkeit, Sparsamkeit, Eigensinn«[20]; diese Reaktionsbildung hat jedoch nicht ausgereicht, die Intensität seiner libidinös-aggressiven Es-Regungen zu entschärfen. Ein sehr archaisches introjiziertes Objekt – ein frühes Über-Ich – blockiert jeden Weg, auf dem er eine libidinöse Befriedigung mit aggressiven Mitteln erreichen könnte, d. h. der damit drohende Konflikt mobilisiert neurotische Angst, die zur Aggressionshemmung führt und nach dem klassischen Modell zur Symptombildung.

Die Hoffnungslosigkeit, in die der Patient gestürzt ist, hängt also mit der Fortdauer infantiler Entwicklungsrelikte zusammen, an die er fixiert blieb und die eine libidinöse Reifung wie eine zureichende Stärkung des Ichs vereitelt hat, d. h. die Ent-

20 S. Freud: *Charakter und Analerotik*, in: *Ges. Werke*, Bd. VII, S. 203.

wicklung einer »konfliktfreien Ichsphäre«[21] und die Neutralisierung von Triebenergie im Ich, welche es gegen den Einbruch von Es-Regungen sicherte. Die vorzeitige Erstarrung der Charakterstruktur in Reaktionsbildungen und in Verleugnung der aggressiven Möglichkeiten bestimmt die für diesen Patienten bezeichnende Weise der Verarbeitung des äußeren Objektverlustes sowie seine mißglückte Selbstbestätigung, die von der Ehefrau so nachdrücklich vereitelt wurde.

7. *Die Rolle der Hoffnung*

Diese zweifellos unvollständige Strukturanalyse läßt immerhin das Folgende erkennen: Die Beziehung zu äußeren Objekten und die Fähigkeit, mit ihnen produktiv im Sinne der Realitätsbewältigung umzugehen, hängt für den Kranken von den Forderungen ab, die frühe introjizierte Objekte stellen, und davon, wieweit diese einer fortschreitenden psychischen Strukturierung durch neue Modi der Erfahrung und Realitätseinschätzung im Wege stehen. Wird die Gesamtentwicklung gebremst und behindert, so wirkt, wie bei unserem Kranken, der Verlust des äußeren Objektes, das den verbleibenden Rest der libidinösen Befriedigung garantierte, katastrophal; die ohnehin infantil gebliebene Kommunikation mit der Welt bricht vollends zusammen. Von hier aus nimmt dann die große Enttäuschung ihren Lauf.

Dieses Modell scheint uns brauchbar als Beschreibung eines spezifisch ätiologischen Momentes, das zur Chronifizierung psychosomatischer Krankheit führt. Die Frage der psychodynamischen Bedeutung des Hoffens, in seinen Schattierungen von realitätsgerecht zu unrealistisch, ist in der Literatur selten untersucht worden. Etwas vergröbernd könnte man sagen, die Hoffnung als Vorentwurf der Libido sei ein echter Gegenspieler der Vorhersage der Destrudo, nämlich des Todes. Was nicht ausschließt, daß der Tod libidinös besetzt werden und Hoffnung auf Erfüllung aggressiver Wünsche am Leben erhalten kann. Für die psychosomatische Forschung allein wichtig ist

21 Heinz Hartmann: *Ich-Psychologie und Anpassungsproblem*, Ztschr. f. Psychoanal. und Intern., Imago XXIV, 1939, S. 62–135 (Nachdruck: *Psyche* XIV, 1960, S. 81–164).

die Bedeutung innerer Objekte, von denen abhängt, wie der Einzelne Realität zu erleben in der Lage ist.[22] Vermag das Ich unausbleibliche Frustrationen zu tolerieren, sogar die des Todes, oder unterliegt es dem Wechsel von Projektion, Introjektion und Reprojektion auf der Ebene der Primärprozesse? Im zweiten Falle ist die Folge eine zunehmende Realitätsentfremdung (und korrespondierend Ich-Entfremdung), die derart mächtig werden kann, daß die Anpassung an die Außenwelt endgültig mißlingt. Dann fällt der Krankheit die Aufgabe zu, einen chronisch defizienten Ausgleichsversuch zwischen Innen- und Außenwelt zu machen.

Fassen wir unsere bisherigen Überlegungen zusammen. Dem

22 Die Rolle der inneren Objekte für die Charakterentwicklung und ihre Bildung durch Introjektions- und Projektionsvorgänge hat besonders Melanie Klein in ihren Untersuchungen zu erhellen versucht. James Strachey (*Die Grundlagen der therapeutischen Wirkung der Psychoanalyse*, in: *Intern. Zschr. f. Psychoanalyse* XXI, 1935, S. 495) hat dieses theoretische Konzept sehr prägnant dargestellt: »Das Individuum ... introjiziert und projiziert fortgesetzt die Objekte seiner Es-Regungen, und der Charakter seiner introjizierten Objekte hängt von dem Charakter der Es-Regungen ab, die sich auf die äußeren Objekte richten. So werden z. B. die Gefühle eines Kindes in der Phase seiner libidinösen Entwicklung, in der es von oraler Aggression beherrscht wird, gegen das äußere Objekt oral aggressiv sein. Es wird dann das Objekt introjizieren, und das introjizierte Objekt wird nun (in der Art eines Über-Ichs) in oral-aggressiver Weise gegen das Ich des Kindes vorgehen. Der nächste Vorgang ist die Rückprojektion dieses oral-aggressiven introjizierten Objekts auf das äußere Objekt, das jetzt seinerseits als oral-aggressiv erscheinen wird. Die Tatsache nun, daß das äußere Objekt jetzt als gefährlich und destruktiv empfunden wird, veranlaßt wiederum die Es-Regungen, zum Zwecke der Selbstverteidigung eine noch aggressivere und destruktivere Haltung gegen das Objekt einzunehmen. So ist ein circulus vitiosus errichtet. Dieser Vorgang sucht die außerordentliche Strenge des Über-Ichs bei kleinen Kindern zu erklären, ebenso wie ihre sinnlose Furcht vor äußeren Objekten. In der Entwicklung eines normalen Individuums erreicht die Libido schließlich die Genitalstufe, auf der die positiven Regungen vorherrschen. Seine Haltung dem äußeren Objekt gegenüber wird dadurch viel freundlicher werden und demgemäß sein introjiziertes Objekt (oder Über-Ich) weniger streng, der Kontakt seines Ichs mit der Realität weniger entstellt sein. Beim Neurotiker jedoch wird aus verschiedenen Gründen – ob infolge Versagung oder Unfähigkeit des Ichs, Es-Regungen zu ertragen, oder zufolge einem angeborenen Übermaß der destruktiven Komponente – die Entwicklung bis zur Genitalstufe nicht eintreten, sondern das Individuum wird auf seiner Prägenitalstufe fixiert bleiben. Sein Ich bleibt also dem Druck eines ungezähmten Es einerseits und einem ebenso ungezähmten Über-Ich andererseits ausgeliefert, und der circulus vitiosus, den ich eben beschrieben habe, ist für immer geschlossen.«

biologischen Leistungsverlust in der Krankheit korrespondiert ein bestimmter Realitätsverlust, dem im Erleben des Kranken Schlüsselbedeutung zukommt. Beide Verlustformen – Leistungsverlust und Objektverlust – stehen nicht in einem unüberbrückbaren Gegensatz zueinander, sondern repräsentieren sich gegenseitig. Das wäre der zentrale Inhalt unserer Hypothese.

In der Einschätzung des Zustandes der Hoffnungslosigkeit als eines Momentes, welches pathologisches Geschehen aktiv zur Chronizität hin beeinflußt, befinden wir uns in Übereinstimmung mit George L. Engel[23], der folgendes schreibt: »Fünfzehn Jahre Studium unausgewählter Patienten in einer Medizinischen Klinik haben es uns klargemacht, daß in einem hohen Anteil der Entwicklung somatischer Krankheit eine Periode psychologischer Belastung (stress) vorangeht, und zwar von einer recht bestimmten Art ... (nämlich) ein realer oder drohender oder phantasierter Objektverlust ..., auf den affektiv mit Hilflosigkeit und Hoffnungslosigkeit geantwortet wird ... Wir machen die Annahme, daß diese affektiven Zustände (Hilflosigkeit und Hoffnungslosigkeit) eine psychobiologische Voraussetzung widerspiegeln, in der organische Prozesse sich entwickeln können.«

Begriffe wie Hoffnungslosigkeit und Hilflosigkeit müssen dem Untersucher, der nach »Schlüsselreizen« für definitive Krankheitsgruppen wie Asthma, Colitis, Hypertonie fahndet, relativ vage erscheinen. Sie sind es, und unsere Beobachtung beansprucht auch keineswegs, die »ätiologischen Formeln« im Sinne der spezifischen Verursachung gefunden zu haben. Zu bedenken ist indessen, daß Hoffnungslosigkeit und Hilflosigkeit Stimmungen darstellen, die, wie M. Pflanz und Th. v. Uexküll[24] hervorgehoben haben, »alle Teile der Persönlichkeit integrativ durchdringen«. Die psychosomatische Auswirkung einer Verstimmung, die aus der Bedrohung oder Vernichtung von Erwartungen entsteht, welche als unbewußte Vorstellungen für

23 Zitiert nach M. Gitelson: *A Critic of Current Concepts in Psychosomatic Medicine*, in: *Bulletin of the Menninger Clinic* Bd. 23 (1959), S. 167. Vgl. auch G. Engel: *Psychological Development in Health and Disease*, London 1962.

24 M. Pflanz und Th. v. Uexküll: *Begriff und Problem der Stimmung im Rahmen der psychosomatischen Medizin*, in: *Psycholog. Rundschau* 5 (1954), S. 110.

das Individuum eine zentrale Rolle spielen und die jetzt zugunsten einer Realitätseinsicht aufgegeben werden sollen, darf nicht unterschätzt werden. Denn Realitätseinsicht und -anpassung können in der ersten Etappe nur Frustration, Hilflosigkeit, Angst bedeuten. Daß Momente dieser überwältigenden Stimmung der Hoffnungslosigkeit bisweilen sehr bewußt erlebt werden – wie im geschilderten Fall –, beweist, daß die Krise nicht völlig durch das sich ausbreitende chronische Symptom abgewehrt werden konnte, daß viel Angst ungebunden geblieben ist und, sei es depressiv, sei es aggressiv fordernd, beantwortet wird. Überdies muß in Rechnung gestellt werden, daß die Symptombildung und ihre Chronifizierung eine Änderung in den Besetzungsenergien mit sich bringen; statt neurotisch auf ein äußeres Objekt konzentriert sich die affektive Aufmerksamkeit (libidinös und aggressiv) auf das Symptom: den eigenen Körper. Er wird »zum Fokus einer narzißtischen Regression«.[25]

8. *Regression und Somatisierung*

Mit diesen Beobachtungen ist aber noch immer nicht geklärt, warum es unter dem Druck das seelische Gleichgewicht schwer bedrohender Konflikte zu einer Somatisierung kommt – und zwar nicht nur zu den allgemeinen Anzeichen der depressiven Verstimmung, die unser Kranker mit den Worten wiedergibt, er sei in kurzer Zeit »grau und faltig« geworden, sondern zu einer genau umrissenen Krankheit, zuerst dem lokalisierten Analekzem, dann dem sich generalisierenden Ekzem.

Beginnen wir mit der Frage nach der Qualität des Symptoms. Ist es ein Konversionssymptom, ist es ein Affektäquivalent, ist es ein Streß-Begleiter? Bei dem letzteren Begriff wäre zu denken an F. Alexanders Unterteilung in Ausdruckssymptome und solche, die keine symbolische Aussage enthalten, sondern somatische Anzeichen einer dauernden Überbelastung unter einem chronischen emotionellen Erregungszustand sind. Die rasche Alterung, die der Patient an sich erlebt hat, würde in diesen ätiologischen Zusammenhang sich eher einfügen als das Ek-

25 M. Schur: *Comments on the Metapsychology of Somatization*, in: *The Psychoanalytic Study of the Child*, Band X, 1955.

zem. Doch die Einteilung der Symptomgruppen ist ohnehin eine idealtypische, die Realität kennt zahlreiche Mischformen. Es fällt nicht schwer, das Analekzem mit der Fixierung des Kranken auf der analen libidinös-aggressiven Entwicklungsstufe in Zusammenhang zu bringen. Trotzdem bleibt ein »missing link« von der Besetzung einer Körperzone mit Es-Regungen bis zum Krankheitszeichen. Erkennt man am Ekzem die nervöse Übererregbarkeit einer Haut- und Schleimpartie, die den entzündlich-exsudativen Vorgängen den Weg bereitet, so hat man das somatische Korrelat des Besetzungsvorgangs durch affektive Erregungen beschrieben, die sich früh mit Funktionen der gleichen Körperregion (als erogene Zone) verquickt haben.
Nun hat aber eine affektive Erregung, deren Verlaufsgestalt ungestört ist, die also das Bewußtsein erreicht, keine bleibenden und pathologischen somatischen Erregungsvorgänge zur Folge; das entspricht der »Lehre vom psychischen Konflikt und von der pathogenen Natur der Verdrängung«.[26] Schon Otto Fenichel[27] hat darauf hingewiesen, daß sich die physischen Erscheinungen unbewußter Affekte qualitativ von denen unterscheiden, die mit bewußten Affekten verbunden und daher von hoher Intensität sind (Schwitzen, Schwindel, Tachycardie, Verstopfung, Durchfälle, Schlaflosigkeit, Heißhunger usw.).
Wir können davon ausgehen, daß Erregungen den Menschen mit der Umwelt verknüpfen. Entweder findet ein Erlebnis mit der Außenwelt Anschluß an triebhaft libidinös-aggressiv gespeiste Bereitschaft zur Reaktion oder, umgekehrt, ein endogen entstandenes Triebbedürfnis sucht die Kommunikation mit einem Objekt, um sich an ihm zu entspannen. Jedenfalls braucht die Erregung zu ihrer vollen Verlaufsgestalt ein Ich, das sie ganz oder teilweise akzeptiert und auf das sie gestaltend Einfluß zu nehmen vermag.
Das Ich ist der Vermittler zwischen den Triebbedürfnissen und den zu respektierenden Bedürfnissen der Objekte. Es sucht einen beiden Seiten gerecht werdenden Weg zu bahnen, auf dem es die eigene Triebspannung der Realität anzupassen bestrebt ist und andererseits die Realität durch das eigene Verhalten diesen Triebwünschen geneigt macht, also die Realität sich anpaßt. Jedenfalls wäre das eine ideale Schlichtung. So

26 S. Freud: *Kurzer Abriß der Psychoanalyse*, in: *Ges. Werke*, Bd. XIII.
27 O. Fenichel: *The Psychoanalytic Theory of Neurosis*, New York 1947.

banal dieser Sachverhalt ist, so wichtig ist er als Modell. Da ein vollkommener Ausgleich in der Wirlichkeit nur selten gelingt, haben wir hier für alle diejenigen Fälle, in denen das Ich seinen Aufgaben nicht gewachsen ist, gleichsam den Drehpunkt, an dem sich das Schicksal des weiteren Erregungsverlaufes entscheiden muß, gefunden. Auf der einen Seite stehen Triebaufschub, bewältigter partieller Verzicht, Sublimierung (Neutralisierung), Lernen, Kritik (sie bezeichnen die Leistungen des Ichs in Kooperation mit dem Es); auf der anderen Seite stehen die mannigfachen Vorgänge, die wir unter dem Begriff der Abwehrmechanismen zusammenfassen (sie sind charakteristisch für den Widerstand des Ich gegen das Es). Ein triebhaft motiviertes Verhalten, das die Zustimmung der Ich-Instanz findet (und sich dem Ich unterwirft), wird teilweise in Aktivität sich umsetzen, teilweise intrapsychisch erlebt werden, z. B. in aggressiven oder libidinösen Phantasien. Je stärker und reifer die Ich-Funktionen entwickelt sind, desto mehr werden sich auch diese Phantasien mit kritischer Realitätseinschätzung, mit Denken vermengen. Ein solcher Erregungsablauf wird keine bleibenden pathologischen Zustände bewirken.

Die Wichtigkeit des Lernens kann hier kaum überschätzt werden. Lernen als Ich-Leistung heißt u. a., daß bedrohliche Trieb- oder Welterfahrungen der ich-fremden Reaktion entzogen und kontrollierbar gemacht werden. Realitätsbewältigung wird demnach zur Bewältigung aktueller Situationen, entsprechend ihrer eigenen Qualität. Im neurotischen Geschehen dagegen ist das Ich den unbewußten Reaktionen ausgeliefert. Es überschatten dann die Assoziationen an traumatisch erlebte Vorerfahrungen das Begreifen einer gegenwärtigen Realsituation nach ihren eigenen Sinnzusammenhängen. Das Ergebnis ist Realitätsverzerrung im Erlebnis, Störung der Kommunikation. Die Erwartungshaltung ist vorbestimmt durch frühere Erlebnisse, die als Erinnerungssymbole assoziativ leicht erweckbar bleiben (projektive Realitätsentstellung).[28]

28 Vergleiche dazu auch den interessanten Gedanken von L. F. Chapman, L. E. Hinkle und H. G. Wolff (in: *Human Ecology, Disease, and Schizophrenia,* l. c.): »Die spezifische Fähigkeit des Menschen, auf Symbole zu reagieren, als wären es Ereignisse von Bedeutung, erhöht sein Wahrnehmungsvermögen für Gefahr, vermehrt aber auch seine Befriedigungsmöglichkeiten. Wie er also seine unmittelbare Umwelt wahrnimmt, hängt sowohl von seinen angeborenen Anlagen und früheren Prägungen wie auch

Wenn die normale Reaktion sich dadurch auszeichnet, daß Affektregungen a) ein Stück weit motorisch befriedigt werden, b) in Gefühls- und Gedankenspiel ausgelebt und c) schließlich mit der Wirklichkeit in Einklang gebracht werden, so ist die neurotische Reaktion grundsätzlich durch die Abwehr der Affektrepräsentanzen charakterisiert. Wie immer der Abwehrmechanismus im einzelnen funktionieren mag, in jedem Fall wird die Erregung vom bewußten Ich abgespalten; das bedeutet, daß sie nicht mehr im Gefühl-Gedankenspiel manipulierbar ist, bis ihre Intensität abklingt (die erwähnte doppelte Realitätsanpassung bleibt aus), und daß die Erregung zwar ihre Repräsentanz im Bewußtsein, aber nicht ihre Intensität der Besetzung durch die unbewußten Triebbedürfnisse einbüßt. Dem ökonomischen Gewinn, daß eine das Ich gefährdende Triebregung verdrängt, verleugnet oder sonst abgewehrt wurde, steht als Verlust gegenüber, daß damit eine Bahn zu Objekten in der Welt verloren wird. Damit findet die entscheidende Entdifferenzierung in der psychischen Struktur statt. Der Sekundärvorgang des Erlebens im Bewußtsein, der doch eine befriedigende Erledigung unter dem Realitätsprinzip, wenn auch unter Anstrengung, in Aussicht stellte, wird an dieser Stelle abgebrochen. Die Erregung nimmt jetzt den Zustand des Primärvorganges, der Es-Regung an, und je bedrohlicher dieser ist, desto mehr von der dem Ich verfügbaren Energie wird zu seiner Abwehr aufgewendet werden müssen. Die Folge ist eine Schwächung des Organisationskerns des Psychischen (im Sinne der integrierenden Ich-Leistung) und eine Regression auf frühere Entwicklungsphasen der psychischen Organisation.
Für psychische Reifung sind weitgehende Desomatisierung und ein Vorherrschen der Gedankenarbeit charakteristisch, für neurotische Entwicklung entweder Phantasieleistung ohne Realitätsbezug (im Sinne der primären Halluzination und Omnipotenzphantasie) oder – im Falle der psychosomatisch akzentuierten Symptomatologie – Resomatisierung des Affektes. Max Schur hat diese Theorie sehr klar formuliert. Er setzt ein

einer Fülle von Lebenserfahrungen ab. Wie Schmerz und Verwundung von Geweben kräftige generalisierte und lokale Schutzreaktionen hervorrufen, können auch die Symbole der schädigenden Erlebnisse solche Reaktionen erzeugen, oft in einem Maße, das sehr viel kostspieliger für das Individuum ist als die tatsächliche Auswirkung der Schädigung.«

»Wechselverhältnis zwischen der Fähigkeit des Ichs, Sekundärprozesse zu benützen und Energie zu neutralisieren, und der Desomatisierung der Reaktionen voraus«. Andererseits muß dann »Resomatisierung der Reaktionen verknüpft sein mit dem Vorherrschen eines Denkens in Primärprozessen unter Anwendung von deneutralisierter Energie«.[29] Zugleich – und das scheint von besonderer Wichtigkeit – ist der Entlastungseffekt der im Symptom auf Entspannung drängenden resomatisierten Affekte verringert. Im Symptom wird nicht soviel Spannung vermindert wie im bewußt erlebten Affekt.

Hier haben wir einen der Gründe für die Wiederholung des Entlastungsversuchs und damit ein spezifisch ätiologisches Moment der Chronifizierung. Vom Ich abgelehnte Affekte (und ihre Strebungen) verlaufen anders als ein vom Ich akzeptierter Affekt und Triebwunsch. Die Ichentfremdung überläßt ihn unbewußten Phantasien, die leicht unbewußte (realitätsunabhängige, d. h. neurotische) Ängste und Schuldgefühle erregen, so daß die »Äquivalenz«, die man sich nicht als zu einem bewußten Affekt, sondern zu einem komplexeren und globaleren, primitiv psychischen Erregungszustand gehörend vorzustellen hat, eigentlich keine mehr ist.

9. *»Affektive Organsprache«*

Auf zwei in diesem Zusammenhang wichtige Beobachtungen sei hier kurz hingewiesen. Erstens: Das Studium der Konversionssymptome hat gezeigt, daß sie nicht nur Wurzeln in der klassischen ödipalen Entwicklungsphase haben, die die Hysterie wesentlich charakterisieren, sondern daß man, wie Leo Rangell[30] in einer sehr gründlichen Studie dargelegt hat, »den Konversionsmechanismus als einen Prozeß sehen kann, der unter dem Konfliktdruck einer oder aller Phasen (der libidinösen und Ich-Entwicklung) in Wirksamkeit gesetzt werden kann«. Der Prozeß der Konversion, meint Rangell, sei »unabhängig vom Inhalt, den er ausdrückt, und die beiden müssen klar unterschieden werden«. Zweitens: Die Umkehrung der Affekt-

29 Max Schur, op. cit., Seite 124.

30 L. Rangell: *The Nature of Conversion*, in: *J. Amer. Psychoanal.*, Ass. 7 (1959), S. 632 ff.

richtung von einer Strömung zum äußeren Objekt in eine zum eigenen Organismus hin kann früheste Formen der Affekterledigung wiederbeleben. Besonders Edith Jacobson[31] hat darauf hingewiesen, daß in den frühesten Perioden des Lebens, in denen eine sichere Abgrenzung des Körper-Ichs von der Umwelt noch nicht vollzogen ist, also noch keine festgelegten Objektbeziehungen bestehen, die aus somatischer Triebquelle stammenden Spannungen »zentripetal«, nach innen, entladen werden. Intensive Leibgefühle und Halluzinationen ihrer Befriedigung bilden den Erlebnisumkreis des Kleinkindes. Diese »affektive Organsprache« ist psychosomatisch und scheint geleitet von den konstitutionellen Bedingungen und von der Art und Weise, wie auf sie von der Umwelt eingegangen wird. Wahrscheinlich erfährt in diesem Stadium der Entwicklung der »idiosynkratische somatische Stil«[32] des Einzelindividuums seine erste Prägung und Fixierung. Mit idiosynkratisch-somatischem Stil sind die Reaktionen auf mehr oder weniger unbewußtes Affekt- oder Angsterleben gemeint, das »den einen zittern läßt, dem anderen Herzklopfen verursacht, wieder einem anderen Schwindel und Übelkeit bereitet oder Anlaß für eine Polydypsie oder Hyperpnoe wird, noch ein anderer fällt in Ohnmacht oder entwickelt eine Harnflut oder Diarrhoe«. Alle diese Affektäquivalente und Konversionsvorgänge sind als Hilfsursachen im Spiel, wo sich unter einem schweren Konflikt ohne Lösungshoffnung Regression und Resomatisierung vom Charakter einer chronischen Krankheit entwickeln.

Um nochmals auf die Bedeutung des Lernens für die Lösung der Realitätsanpassung zurückzukommen: Im Finden und Festhalten einer pathologischen Lösung, die wenigstens für einige Zeit Konflikten, die um äußere Objekte sich zentrieren, etwas von ihrer »kritischen Dringlichkeit«[33] nimmt, ist ein Lernvorgang enthalten. Es wird gelernt, diejenigen Erfahrungen, welche die Angst oder die Triebspannung vermehren, durch die Umkehrung der Affektströmungen in narzißtische Regression zu vermeiden oder zu verleugnen. Besonders deutlich ist dies bei den anfallartig auftretenden chronischen Leiden

31 E. Jacobson: *The Self and the Object World*, in: *Psychoanalytic Study of the Child*, Bd. IX, 1954.
32 M. Gitelson, op. cit., Seite 167.
33 M. Schur, op. cit., Seite 149.

(Ulcus, Asthma, Schlaflosigkeit usw.). Die infantile Gefahrensituation, welche durch die Benutzung des erlernten Lösungsweges neu evoziert wird, muß weder in der Wirklichkeit noch im Bewußtsein tatsächlich gegeben sein; sie kann, mehr oder weniger ausschließlich, in der Unruhe der Primärvorgänge im Unbewußten ihren Grund haben. Das erklärt, warum Beobachter, die nach motivierenden Ursachen in der Umwelt, nach Belastungs- oder Bedrohungssituationen, denen der Patient vor dem Ausbruch eines Anfalls ausgesetzt war, Ausschau halten und dabei keinen »vernünftigen«, einleuchtenden Anlaß finden können, häufig in die Irre gehen.

Freud[34] hat diesen Sachverhalt schon früh in der *Traumdeutung* beschrieben, wo er davon spricht, daß die verdrängten Inhalte sich selbst überlassen sind und das Unlustprinzip es verhindert, daß sich die vorbewußten Gedanken mit den Vorstellungen oder Erinnerungen beschäftigen, »von denen aus der unbewußte Wunsch die Affektentbindung hervorruft«.[35] Eine Untersuchungsmethode (sie ist unablösbar von der Behandlungsmethode), die nicht das Ich gegen das »Unlustprinzip« zu stärken vermag, wird der Phantasien, welche das pathologisch wirksame affektive Geschehen motivieren, nie ansichtig werden.

10. Die Resomatisierung des Affektes: das Unmögliche möglich machen

Mit dem Wort »Resomatisierung« wurde die letzte der Ideen zu einer Theorie der Chronifizierung ausgesprochen, von denen hier die Rede sein soll. Wo Resomatisierung stattfindet, muß eine De-somatisierung vorangegangen sein. Damit ist gemeint, daß die motorischen und vegetativen Korrespondenzen affektiver Erregung in der psychosozialen Reifung gemildert und durch Gedankenarbeit ersetzt werden. Desomatisierung in diesem Sinn ist geradezu die kritische Kategorie, an der Reifung gemessen werden kann. Dagegen gehört zu den Merkmalen neurotischer und psychosomatischer Erkrankungen die Blockierung der gedanklichen Ich-Leistungen und einer entsprechenden

34 S. Freud: *Die Traumdeutung*, in: *Ges. Werke*, Bd. II/III.
35 Sigmund Freud, op. cit., Seite 609.

Gestaltung des Affektes. In der neurotischen Affektbewältigung dominieren die Phantasieleistungen ohne Realitätsverknüpfung – im Sinne der primären Wunscherfüllungshalluzinationen und Omnipotenzerlebnisse. Doch geht die psychosomatische Symptombildung über rein phantasierte Erfüllungen noch hinaus; es kommt zu einer Resomatisierung des Affektes. Wir haben diesen Vorgang früher mißverständlich und zu eng als zweiphasige Verdrängung bezeichnet und möchten jetzt präzisierend sagen, daß es sich um einen zweiphasigen Abwehrvorgang handelt, in welchem der konflikterregende Affekt entschärft werden soll dadurch, daß er im Symptom ersatzhaft befriedigt wird; d. h. die Befriedigung des libidinösen Anspruchs verschmilzt mit dem Strafbedürfnis für diese Befriedigung. Das ist im Falle unseres Kranken sehr deutlich: die anal-aggressive Lustbefriedigung einerseits und das autoplastische Leiden an der ekzematösen Irritation andererseits, wobei dem Jucken eine eminente Rolle in diesem Doppelgeschehen, Lust und Schmerz, zukommt.
Die Resomatisierungshypothese Schurs läßt sich genereller am Beispiel der Angstreaktion darstellen. Behält in einer angsterweckenden Situation das Ich die Herrschaft, dann ist seine Reaktion auf die nahende Gefahr »gedanklich« (thoughtlike). Schur meint, daß »das Ich durch die ganze Reaktion hindurch mit Sekundärprozessen arbeitet und neutralisierte Energie verwendet, und daß dies erklärt, warum somatische Erregungsentlastungen fehlen«.[36] Im Falle einer »normalen« Bewältigung der Angst tritt also die vegetative somatische Komponente im psychosomatischen Simultangeschehen zurück. Dies charakterisiert die reife Entwicklungsstufe. Es erfolgt nun nicht mehr, wie in den anfänglichen Entwicklungsphasen, eine Besetzung vegetativen somatischen Geschehens – oder diese hält sich in mäßigen Grenzen –, die Realitätsbewältigung erfolgt vielmehr, um einen Begriff Heinz Hartmanns zu verwenden, durch den »konfliktfreien Teil des Ich« mit seiner neutralisierten Energie, durch die psychische Instanz des realitätsgerechten Denkens und Handelns. »Resomatisierung« zeigt an, daß die Integrationsfunktion des Ichs versagt hat, daß »Primärprozesse vorherrschen und gleichzeitig der Neutralisie-

36 Op. cit., Seite 124.

rungsvorgang (der psychischen Energie[37]) mißlingt«. Resomatisierung in diesem pathologischen Sinn bedeutet aber, wie Regression, den Versuch, das Unmögliche möglich zu machen. Es wird eine Befriedigungs- oder Schutzsituation angestrebt, die weder entwicklungsphysiologisch noch entwicklungspsychologisch der erreichten Entwicklungsstufe oder dem erreichten Lebensabschnitt entspricht.[38]

Verbindet sich nun diese Resomatisierung mit – beim erwähnten Patienten beispielhaft angedeuteten – Objektverlust und der regressiven Besetzung innerer entwicklungsfeindlicher (oder vielleicht besser: der aktuellen Realität feindlicher) Objekte, so ist die Konsequenz Hilflosigkeit und Hoffnungslosigkeit. Das Ich ist weitgehend vom Einfluß auf das Geschehen ausgeschlossen, es hinkt gleichsam hinter den vollendeten Tatsachen her, welche das unbewußte Primärgeschehen schafft,

37 Bezüglich der Verwendung des Begriffs »psychische Energie« sei angemerkt, daß er ein Analogiebegriff ist, den Freud der Helmholtzschen Physik entlehnte. Das gleiche gilt für den »psychischen Apparat« als geschlossenes System. Freud selbst hat oft auf den provisorischen und groben Charakter dieses Konzepts hingewiesen, etwa: »Die Unbestimmtheit all unserer Erörterungen, die wir metapsychologische heißen, rührt natürlich daher, daß wir nichts über die Natur des Erregungsvorganges in den Elementen des psychischen Systems wissen und uns zu keiner Annahme darüber berechtigt fühlen. So operieren wir also stets mit einem großen X, welches wir in jede neue Formel mit hinübernehmen« (*Ges. Werke* XIII., S. 31). Wenn also die Verständigung in dieser Terminologie auch nur heuristische Bedeutung hat, so bleibt andererseits das Faktum, daß von sonstigen Transpositionen von Ideen in Begriffssprache vorerst nicht gesagt werden kann, sie hätten das dynamische Element seelischen und personellen Geschehens mit gleicher Deutlichkeit erkennbar werden lassen wie die von Freud gewählte Anlehnung an eine physikalische Begrifflichkeit. Es ist klar, daß wir eine »dem Verhaltensaspekt organismischer Leistungsformen« angemessenere Ausdrucksweise finden müssen, daß wir sie aber vorerst noch nicht besitzen. Mit der Einführung wohltönender (oder zweifelhaft sprachschöpferischer) voluminöser Wortbilder ist jedenfalls kaum geholfen. Als Beispiel einer fairen Kritik der gegenwärtigen Situation sei verwiesen auf Josef Nuttin: *Human Motivation and Freud's Theory of Energy Discharge*, in: *Canadian J. of Psychology* 10 (1956), S. 167–178.

38 Es kann durchaus sein, und dies entspricht unseren klinischen Beobachtungen, daß sich im Vorgang der Resomatisierung Vorgänge, die als primitive und unbewußte Affektäquivalente anzusprechen sind, mit solchen einer ebenso frühen und primitiven Symbolsprache (prä-ödipale Symbolbildung auf der Ebene einer primitiven Organsprache) vermengen. Vor allem für das Asthma bronchiale und die Erkrankungen des Verdauungstraktes ist dies erkennbar geworden.

und interpretiert die äußere Welt als unversöhnlich feindlich, verständnislos und, entsprechend seiner Machtlosigkeit, überwältigend, vernichtend. Die Realität wird zum Spiegelbild des eigentlich determinierenden intrapsychischen Geschehens, zu einer Projektion. Das Chronifizierende, Ausweglose daran ist die Spaltung zwischen Ich und Es, der Rückzug vom Objekt, das keine Erfüllung mehr erwarten läßt. Die Energien des Ich, das unter der Herrschaft der archaischen inneren Objekte zu keiner neuen Realitätsprüfung und Verknüpfung der inneren Bedürfnisse mit den potentiellen Möglichkeiten der Realität ansetzen darf, zerfallen. Das bedeutet permanentes Leiden. Die inneren Objektrepräsentanzen zwingen den Teil der Außenwelt, der zugänglich geblieben ist, nämlich den eigenen Körper, sich nach ihren Zwecken zu deformieren.[39] Entdifferenzierung der psychischen Organisation bedeutet einen Partialverlust der erreichten Desomatisierung – des Denkens im Sinne des Probehandelns –, bedeutet schließlich Resomatisierung des Affektgeschehens auf primitiver Ebene.
Es zeigt sich – so schwierig die Beobachtungen in diesem präverbalen Entwicklungsabschnitt auch sein mögen –, daß die »biologisch« (genetisch-konstitutionell) erscheinenden Verlaufsgestalten der Erregung einem kernhaft archaischen, psychosomatischen Simultangeschehen entsprechen. Sie sind sozusagen die erste Stufe der psychobiologischen Einheit, jenes Ineinanderwirkens des somatischen und psychischen Organisationskerns. Wie weit immer die fortschreitende Entfaltung der Lebensvorgänge von diesen primitiven Anfangsformen weggeführt haben mag, durch die erzwungene Regression werden sie wiederbelebt, so daß dem verzerrten Realitätserlebnis nunmehr ein von der Entwicklung her gesehen unzeitgemäßes, verzerrtes biologisches Geschehen korrespondiert.

39 Dieser Vorgang mag auch in Kardiners »Action Syndrom« anklingen. Vgl. A. Kardiner: *The Traumatic Neurosis of War*, in: *Psychosom. Med. Monogr. Suppl.* 1, 1941. Das somatische Symptom soll an die Stelle einer verhinderten Aktion (frustrated motor activity) treten, deren Ausführung für den Kranken von entscheidender Wichtigkeit gewesen wäre. Das Symptom ersetzt also die ursprünglich intendierte Aktion. Wiederum ist die Entdifferenzierung der psychischen Organisation, der Verlust der Desomatisierung, das Hauptmerkmal.

Es ist klar, daß diese fragmentarischen Mitteilungen sich nicht mühelos zu einem theoretischen Konzept fügen lassen. Im folgenden wiederholen wir zusammenfassend die vier eingangs erwähnten Faktoren, die zur Chronifizierung im psychosomatischen Geschehen beitragen können, ergänzt um ihre psychodynamischen bzw. metapsychologischen Aspekte.

1. Eine spezifische Bedingung für die Chronifizierung psychosomatischer Krankheit ist die vorausgehende neurotische Fehlentwicklung. In den seltenen Fällen einer von früher Kindheit an bestehenden »Krankheitsdisposition« kann diese sich als primäres Ausdruckssymbol einer primitiven affektiven Körpersprache anbieten und erhalten. Nichtintegriertes, primärprozeßhaftes Geschehen findet sein pathologisch wirkendes Ausdruckskorrelat.
2. Regression im Sinne der Resomatisierung bedeutet partielles Rückgängigmachen erreichter Affektbewältigung durch Gedankenarbeit, das heißt der Reifungsvorgänge, welche Desomatisierung affektiver Vorgänge mit sich bringen.
3. Auslöser dieses Geschehens ist ein realer oder phantasierter Objektverlust, der das Gefüge von Reaktionsbildungen und Abwehrvorgängen endgültig stört, das bisher relativ stabil war und die aktuellen Forderungen der sozialen Anpassung mehr oder weniger eingeschränkt zuließ.
4. Die Stimmung der Hoffnungslosigkeit und Hilflosigkeit ist Ausdruck der Ich-Verarmung durch die regressiven Vorgänge, welche durch den Objektverlust und die mit ihm verbundene neurotische Angst ausgelöst wurden. Das Welterlebnis der endgültigen Feindseligkeit und des Gescheitertseins entspricht einem Projektionsvorgang. Das Diktat geht von den inneren Objekten, einer Art archaischem Über-Ich, aus.

Ganz unberücksichtigt blieb in dieser Darstellung das Faktum, daß diese auf tiefe Störungen hinweisenden chronischen Krankheitsbilder häufig trotzdem große Bereiche der Ichleistung unangetastet lassen. In dieser nur partiellen Ichschädigung liegt eine nicht geringe therapeutische Chance – zur Illustration sei noch einmal auf das Beispiel des ulcuskranken Gastwirts verwiesen. Denn es gelingt nicht selten, eine Übertragungsbeziehung von annähernd der gleichen Stärke der regressiven

Tendenzen herzustellen und durch die Fährnisse einer langen Therapie aufrechtzuerhalten. Erstaunlich ist die manchmal verblüffende initiale Symptombesserung, die eher ein signum mali ominis ist – ein Pendant der Resignation, die diese Kranken ausstrahlen; in beiden Fällen, in der Resignation und der Symptombesserung, haben wir Mittel zur Abwehr der Außenwelt als einer Störungsquelle des absurden Lust-Unlustzirkels kennengelernt, den die chronisch stabilisierte Krankheit trotz allem darstellt und der erhalten bleiben soll, so sehr diese Kranken zugleich nach Linderung ihrer Leiden verlangen mögen.

VII. Über die Behandlung psychosomatischer Krankheiten

Jede Behandlung psychosomatischer Erkrankungen, die der Herkunft der Symptome angemessen ist, muß ihr Schwergewicht in der Aufhellung des psychischen Erlebens haben. Andernfalls wäre die Reihenfolge in dem Kunstwort »psychosomatisch« nicht korrekt; mindestens verlöre sie den Charakter einer Aufforderung, sich die Strömungsrichtung des pathologischen Geschehens in dieser Weise vorzustellen. Es ist offensichtlich ein primitiv dualistisches Konzept, das hier zum Ausdruck kommt – ein Konzept, das immer wieder mit philosophischen Modellbildungen angegriffen wird. Philosophisch mag die dualistische Vorstellung, nach der ein Erlebnis einem krankhaften Geschehen vorangeht, nicht zu halten sein; für die Praxis ist sie die einzige Orientierung, die uns zu *handeln* erlaubt. Wir können den menschlichen Organismus zwar als eine Ganzheit denken und uns von dieser Ganzheit immer wieder überzeugen; in der Therapie bleibt es beim Dualismus – auch wenn wir polypragmatisch vorgehen, indem wir uns mit dem Patienten verständigen, ihm helfen, seine Erfahrungen zu korrigieren und gleichzeitig mit Medikamenten auf ein bestimmtes Organgeschehen einzuwirken versuchen. Wir verfahren dann additiv, nicht ganzheitlich.

Die pragmatische Brauchbarkeit des Konzeptes psychosomatischer Zusammenhänge wird an den Schritten der Heilung sichtbar. Es stellt eine neue Form der psychischen Kommunikation her, das Übertragungsverhältnis; dies führt zu einer Korrektur im Bereich des Erlebens (unter anderem zur Verschiebung von Besetzungen und Gegenbesetzungen). Im Verlauf dieses emotionellen Umbaus, bildlich gesprochen: einer Veränderung des Erfahrungsfilters, vollziehen sich bei positivem therapeutischem Einfluß Veränderungen an pathologischen Funktionszusammenhängen (Syndromen).

Natürlich müssen wir uns zuerst diagnostisch vergewissern, ob bei dem einzelnen Patienten kein progredienter organischer Prozeß vorliegt, kein Leiden mit *somatischem* Beginn. Weiß der Arzt, daß die Tendenz der Krankheit den Organismus nicht ganz und gar zum Erliegen bringt, sofern sie unbeeinflußt bleibt, so kann er anfangen, nach dem Leidens*motiv* im Erleben des Kranken zu forschen. Diese Motivationen stellen wir uns nach Jahrzehnten psychoanalytischer Erfahrung gewiß nicht unkompliziert vor. Wir suchen nach angsterweckenden Erlebnisinhalten, denen das Ich mit seinen integrierenden Kräften nicht gewachsen ist und denen gegenüber es von Abwehrmechanismen Gebrauch macht, die zu pathologischen Innervationen führen. Wir suchen also die *treibende Kraft* einer psychosomatischen Erkrankung sowohl in der inneren Wahrnehmung der Triebbedürfnisse und ihrer Repräsentanten in der Phantasie als auch in den Anforderungen, welche die Umwelt, das soziale Feld des Einzelnen, stellt. Was wir erfahren und zu größerer Klarheit bringen müssen, ist die besondere Art, wie diese Realitätsanforderungen und die inneren Triebwahrnehmungen individuell verarbeitet werden.

Unsere Arbeitshypothese ist folgende: den Beginn einer psychosomatischen Erkrankung markiert ein Konflikt, den der Patient mit seinen Ich-Kräften nicht zu lösen vermag und der auch nicht aus seiner Erinnerung verschwindet, nachdem er ihn aus seinem Bewußtsein verdrängt hat; an den er deshalb fixiert bleibt. Ein solcher Konflikt muß Angst auslösen, sei es – nach Freuds Einteilung – Realangst, sei es Gewissensangst oder neurotische Angst, d. h. Angst, die entsteht, nachdem der Konflikt als solcher abgewehrt wurde, ohne deshalb wirklich gelöst zu sein. Die Angst rührt nunmehr aus einer unbewußt gewordenen Quelle her.

Der dynamische Faktor in den psychosomatischen Erkrankungen ist also sowohl die Triebspannung wie eine unbewußte Angst vor Straf-, Schuld- oder Schamerlebnissen; die pathologischen Erscheinungen im psychischen wie im somatischen Bereich hat man als Reaktionsformen auf diese Angst zu begreifen. Die Wege, auf denen sich diese Reaktionen jeweils herausbilden, sind freilich außerordentlich vielfältig. Hier spielt ohne Zweifel eine Reihe von nur unscharf faßbaren Faktoren (»Konstitution«, »Disposition« u. ä.) eine Rolle, und unsere Erfahrung belehrt uns, daß sie teils limitierend, teils fördernd in der Therapie sich auswirken, daß sie aber nicht die eigentlichen Ansatzpunkte für die erstrebte therapeutische Veränderung, die Funktionsverschiebung in Richtung der Normalität, sind.

Ihre Hauptquelle hat die *neurotische* Angst in dem immerwährenden Strom der Triebbedürfnisse. Sie ist in vielen Fällen durch eine pathologisch gesteigerte *Gewissensangst* verstärkt, welche die Ich-Leistungen zu einer verstärkten Anstrengung zwingt, die angsterweckenden Impulse abzuwehren. Denn im subjektiven Erlebnis – zuweilen auch de facto – würde die Verwirklichung des Verlangens zu einem Konflikt mit der Umwelt führen. Die Angst vor Triebimpulsen ist also, genaugenommen, Strafangst und das Symptom zu einem Teil immer auch Beruhigung des Strafbedürfnisses. In Lebensphasen, die mit einer starken Abhängigkeit des Individuums einhergehen – besonders in der Kindheit und Adoleszenz, in unserer Kultur wachsender Interdependenz allerdings auch bei einer großen Zahl Erwachsener –, spielt auch Realangst eine wichtige Rolle im Gesamtgeschehen.

Realangst, die sich auf die Entstehung psychoneurotischer und psychosomatischer Erkrankung auswirkt, ist nicht als eine vage Sorge anzusprechen, die Angst vor einem Atomkrieg etwa; Realangst bedeutet, daß ein Individuum den Schauplatz eines wirklichen oder vermeintlichen Vergehens nicht verlassen kann und daß eine überlegene (physisch oder nach dem Spruch des Über-Ichs moralisch überlegene) Strafinstanz vorhanden ist. Dies sind in der Kindheit die Elternfiguren, im späteren Leben z. B. Vorgesetzte, an deren Wohlwollen die ganze soziale und vitale »Existenz« hängt. An ihren Grenzen sind Realangst und Gewissens- bzw. neurotische Angst nicht scharf voneinander zu trennen.

Psychosomatische Erkrankungen unterscheiden sich, wenn wir dieses Konzept ihrer Entstehungsgeschichte zugrundelegen, *in ihrer Herkunft nicht von den Psychoneurosen.* Infolgedessen ist auch die gleiche Therapie indiziert, die es dem Patienten möglich machen soll, die Angst erweckenden Konflikte bewußt werden zu lassen, um sie erneut, unter besserer Einschätzung der Realität, zu bearbeiten. Das Erkenntnisproblem liegt in der Frage, warum im einen Fall ein psychoneurotisches Syndrom zur Angstregulierung gewählt, im anderen das klinische Bild von einer Organerkrankung beherrscht wird. Wir haben diese Frage in den vorangegangenen Kapiteln behandelt und wiederholen lediglich, daß *eine psychosomatische Erkrankung ohne eine gleichzeitig bestehende Psychoneurose nicht zu den-*

ken ist. Sie entsteht vielmehr in enger Wechselbeziehung mit den neurotisch geprägten Anteilen der Charakterstruktur. Wieweit hier disponierende Momente (vgl. Mirskys »Hyper-« und »Hyposecretor«) eine Rolle spielen, ist in den allermeisten Krankheitsgruppen und Einzelfällen ein offenes Problem. Erst pathologische Funktionsgestalten im psychischen Bereich – nämlich der Rückgriff auf Abwehrmechanismen gegen unerträgliche, angsterweckende Konfliktspannung – schaffen die Voraussetzung für pathologische Funktionen im Somatischen. Früh einsetzende somatische Erscheinungen, wie etwa ein Ekzem in der frühen Kindheit, werden uns dadurch verständlich, daß in diesem Alter seelische Erregungen und körperliche Erregungskorrelate noch relativ ungetrennt verlaufen, daß also noch keine »Desomatisierung« vieler psychischer Erregungsverläufe eingetreten ist, wie sie sich am eindrucksvollsten in der Sprachentwicklung zeigt. Bei verstärkten Triebansprüchen, wachsenden Realanforderungen im Laufe der Entwicklung (Pubertät, Berufsanforderungen, Familiengründung etc.) oder beim Zusammentreffen beider intensivieren sich die Ängste; und zwar um so mehr, je nachdrücklicher die Persönlichkeit in ihrer Ich-Entwicklung durch frühe Einwirkungen gestört ist, je größer die Verzerrung der Realitätswahrnehmung ist (sei es der Triebwahrnehmungen, sei es der Einschätzung der äußeren sozialen Umwelt unter dem Diktat eines unbeugsamen Über-Ichs). Das hat zur Folge, daß das Ich mit Abwehrvorgängen statt mit konstruktiven Leistungen übermäßig belastet wird. In solchen Belastungsmomenten verstärkt sich dann die Neigung zur Regression und mit ihr die »Resomatisierung« des Erregungsablaufes, d. h. es macht sich hinsichtlich des Entwicklungsniveaus eine *primitivere Form der psychosomatischen Einheit* geltend. Auch mit dieser Arbeitshypothese ist freilich die Frage vorerst noch nicht geklärt, warum im einen Fall neue Konfliktspannungen zu einer Intensivierung der neurotischen Symptomatologie, im anderen zu einer zusätzlichen Symptombildung mit vorwiegend somatischen Symptomen führen.

Nach unseren Beobachtungen scheint bei neuerlichen Konfliktspannungen folgendes für die Beibehaltung neurotischer Abwehrformen (bzw. für die Verschiebung des Lösungsversuches mit Hilfe organischer Leistungen) von Bedeutung: Ist eine infantile Neurose (z. B. eine Zwangssymptomatik) früh nachweisbar und hat sie kontinuierlich auch die Latenzzeit hindurch (wenn auch abgeschwächt) bestanden, so paßt sich die Ich-Struktur des Kranken dieser spezifischen Abwehrform an; unter neuen Realbelastungen verstärkt sich die eingeübte neurotische Bewältigungsform. Dieser Wirkungsmechanismus gilt gleichermaßen für Phobien, Zwänge und konversionshysterische Symptombildungen, wobei die letzteren relativ beweglich in ihrer Ausdrucksform sind, während phobische Ängste und Zwänge lediglich eine Verstärkung und Ausbreitung erfahren. Eine ähnliche Intensivierung beobachten wir bei psychosomatischen Symptombildungen besonders des allergischen Erkrankungskreises, die sich früh in der Kindheit entwickeln. Auch hier besteht die Tendenz, erneut auftretende Angstsignale mit einer Verstärkung des einmal gebildeten Syndroms zu beantworten bzw. in diesem Syndrom zum Verschwinden zu bringen.

Im Gegensatz zu dieser Konstanz der Symptomatik beobachten wir Fälle, in denen das Leitsymptom im Verlauf späterer Belastungssituationen sich plötzlich ändert. Hierbei sind jene Fälle die ungleich häufigeren, in denen eine mehr oder minder ausgeprägte psychoneurotische Angstbewältigung durch eine Funktionsstörung im somatischen Bereich abgelöst wird. Genauer gesagt, die psychoneurotischen Symptome treten für den Kranken wie für den Arzt, der einen solchen Kranken zum erstenmal sieht, hinter der vordringlich erscheinenden Körpersymptomatik zurück. Wir haben freilich auch umgekehrt Fälle gesehen, in denen ein seit der Kindheit bestehendes Leiden, z. B. ein Asthma bronchiale oder ein Ekzem, im Lauf des Lebens von einer Depression abgelöst wurde.

Unsere Beobachtung psychosomatischer Vorgänge in der klinischen Praxis ist durch die Tatsache sehr eingeengt, daß wir akute und mehr oder weniger rasch vorübergehende Erkrankungen, bei denen wir ebenfalls unterstellen, in ihnen liege die treibende Kraft primär im *Erleben* des Kranken, gar nicht zu Gesicht bekommen. Sie werden meist vom praktischen Arzt allein behandelt. Der Patient kann mit Hilfe der akuten Symptomatik eine mehr oder weniger belastende Konfliktzone hinter sich lassen. Problematisch für die Therapie sind jedoch nur die zur *Chronifizierung* tendierenden Fälle. Für den erfahrenen Kliniker ist es aber eine nicht selten zu beobachtende

Tatsache, daß akute interkurrente Erkrankungen vornehmlich infektiöser Art (von der Furunkulose über die Hepatitis epidemica zu jenen Lungentuberkulosen, die nur einmal im Leben eines Menschen aufflammen) durchaus eine psychosomatische Funktion erfüllen können. Wir haben, wie bereits angedeutet, zahlreiche Fälle hochfieberhafter Infekte gesehen, bei denen wir den Eindruck gewannen, durch die Erkrankung sei dem Patienten ein Moratorium, d. h. ein Entscheidungsaufschub, gewährt worden. Vor dem Ausbrechen der Krankheit befand er sich in einem Konflikt, der nicht lösbar erschien, der seine infantilen Fixierungen aktiviert und seine regressiven Tendenzen gefördert hatte. Nach der Erkrankung erwies es sich, daß die integrative Leistungsfähigkeit des Ichs gewachsen war, daß es realitätsgerechter entscheiden konnte.

In einer schematisierten Sequenz ausgedrückt, ließe sich folgendes Bild geben (wir stützen uns hierbei auf die Beobachtung interkurrenter Infektionserkrankungen während einer psychoanalytischen Behandlung, die uns Gelegenheit bot, diese sonst meist nicht beobachtbaren Verläufe zu verfolgen): Es beginnt mit einem Ansteigen der Konfliktspannung, einem psychischen Streß mit Angst, vornehmlich durch Aktivierung ambivalenter Triebeinstellungen. Dieser psychischen Belastung korrespondiert ein Immunitätsabfall; eine Infektion breitet sich aus, die physischen Abwehrkräfte werden mobilisiert, Fieber tritt ein. Im Zustand schwerer Hinfälligkeit erfolgt psychisch ein narzißtischer Rückzug von den Objekten, was zu einer momentanen Beruhigung der vom Konflikt ausgehenden Unruhe führt. Mit dem Zustand der physischen Aktivierung der Abwehrvorgänge ist ein Erlebnis von Realgefahr, gesteigert bis zur Lebensgefahr, verbunden. Nach der Entfieberung, bzw. in der Rekonvaleszenz, setzt psychisch nach der narzißtischen Regression vom Konfliktschauplatz eine neue, distanziertere Einschätzung der Realsituation ein, die Ambivalenzspannung ist gemildert, das Erlebnis der körperlichen Bedrohung hat eine größere Bereitschaft, auf unrealistische Erwartungen zu verzichten, und zugleich eine Abschwächung der irrationalen Schuldängste aus den repressiv behandelten Triebwünschen angebahnt. Dadurch wird die Entscheidung in der aktuellen Lebenssituation erleichtert.

Es besteht Grund zu der Annahme, daß es sich bei dieser skiz-

zierten Geschehensfolge um ein psychosomatisches Funktionsganzes der Bewältigung eines bisher vom Kranken als übermächtig erlebten psychischen Streß handelt. Der gleiche Ablauf vollzieht sich auch bei chronifizierten Erkrankungen. Nur reicht hier der Rückzugsmechanismus (Abzug der Besetzung von den konflikterregenden Repräsentanzen, sekundär narzißtische Besetzungsverstärkung plus organische Funktionssteigerung) nicht zur endgültigen Bewältigung der Konfliktspannung aus. Der Vorgang schafft nur eine partielle, momentane Erleichterung, bringt nur eine Partialbefriedigung – eben die des Moratoriums –, ermöglicht es dem Ich aber nicht, nachher, unter besseren Bedingungen, Triebimpulse und Über-Ich-Forderungen zum Ausgleich zu bringen. Das Geschehen verharrt in der regressiven Phase und wiederholt sich deshalb von »Anfall« zu »Anfall«, von Krankheitsschub zu Krankheitsschub.
Es ist deutlich, daß hier das somatische Geschehen sich sehr ähnlichen Bedingungen zu fügen hat wie bei der konversionshysterischen Symptombildung. Durch die Krankheit wird ein Teil der libidinösen und aggressiven Intentionen – einschließlich der Schuldängste und des Strafbedürfnisses – befriedigt, derjenigen Strebungen also, die, von ihren ursprünglichen Objekten abgedrängt, ihr Ziel nicht erreichen können. Es scheint auch nicht unerlaubt, z. B. ein Allergen, das eine Urticaria, ein Ekzem oder ein Asthma verursacht, unverträgliche Speisen, denen ein pathologisches gastro-intestinales Reizgeschehen zugeschrieben wird, mit einem infektiösen Erreger in der Wirkung gleichzusetzen. Ein Allergen wird gefunden, bzw. »erfunden«, es gewinnt die Wirksamkeit eines aktiven, schädigenden »Fremdstoffes«. Es handelt sich in solchen Fällen um ein ganz und gar individuelles Geschehen, während die Pathogenität des Bazillus oder Virus erheblich artspezifischer ist. Gegen Katzenhaare oder Pollen sind sehr viel mehr Menschen zeitlebens immun als gegen den Scharlacherreger. Es bleibt im übrigen eine offene Frage, ob wir dem Modell der Allergielehre und den Allergenbestimmungen den Wert beizumessen gezwungen sind, den sie beanspruchen. Oft genug stoßen wir auf eine Polyallergie, die eine Beurteilung dessen, was im gegebenen Augenblick wirkt, nicht mehr zuläßt.

Mit diesen Hinweisen haben wir eines der Konzepte angedeutet, die uns bei der Behandlung psychosomatisch Kranker leiten. Gewiß liegen z. B. in der Pathogonese der essentiellen Hypertonie, der chronischen Polyarthritis, der Colitis ulcerosa, der Fettsucht, der Anorexia nervosa, um einiges zu nennen, in vielen Einzelaspekten andere Wirkungsweisen des psychosomatischen Geschehens vor, die wir zum großen Teil nur unvollkommen kennen. Aber wie unterschiedlich immer die psychosomatischen Korrelationen der einzelnen Krankheitsgruppe sein mögen, in einem Punkte stimmen sie überein: nämlich in der Strömungsrichtung des determinierenden Geschehens vom Konflikt, der im psychischen Bereich nicht bewältigt worden ist, zum pathologischen Funktionsvorgang, zur pathologischen Erregung im Somatischen. Es gelingt dem Individuum nicht, den Erlebniskonflikt desomatisiert zu überwinden, und es sieht sich zur Resomatisierung gezwungen. Mit anderen Worten: die primäre Noxe liegt im Psychischen, von ihr hängt das somatische Syndrom ab – gleichgültig, ob dieses bereits früh in der Kindheit oder erst unter besonderen Belastungen des späteren Lebens aufgetreten ist; gleichgültig, ob die Symptombildung nach dem Prinzip des Konversionsmechanismus oder des Affektäquivalents erfolgte; gleichgültig, ob konstitutionelle Momente eine stärkere oder schwächere Rolle in der Lokalisierung des organischen Symptoms gespielt haben. Sind solche konstitutionellen Momente von großer Bedeutung, so daß geringer Erlebnis-Streß bereits starke Rückwirkungen im somatischen Funktionsbereich hervorruft, so ist freilich der Therapie oft eine spürbare Grenze gesetzt. In der nämlichen Situation befindet sich aber der Therapeut, sobald er bei der Behandlung der psychosomatischen Krankheit auf starke neurotische Fehlentwicklungen trifft, die dem Ich des Patienten bei seiner Entwicklung schwere und anhaltende, bisweilen irreversible Schäden zugefügt haben.

Soviel zur *pragmatischen* Orientierung für Diagnose, Einschätzung der Prognose und der Therapie psychosomatischer Erkrankungen. Es seien hieran Überlegungen zu den folgenden Punkten geknüpft:

1. eine kurze Beurteilung der verschiedenen psychotherapeutischen Methoden, mit denen in der Praxis gearbeitet wird;
2. die Verständigungsschwierigkeiten zwischen Arzt und Patient;

3. das Interview, die Diagnose und die Fragen der Indikationsstellung;
4. der Einfluß der sozialen Wertungen, die Rolle der kollektiven Vorurteile;
5. der Einfluß sozio-kultureller Umweltfaktoren für die Behandlungsbereitschaft;
6. die Prognose, d. h. die Abschätzung der Entwicklungsfähigkeit der Persönlichkeitsstruktur in ihrem sozialen Umfeld.

1. Die verschiedenen psychotherapeutischen Methoden in der psychosomatischen Medizin

Das größte Hindernis für die Anwendung einer an den neurotischen Charaktermechanismen arbeitenden Therapie ist ihre Langwierigkeit und der erforderliche Zeitaufwand. Hohe Behandlungskosten und Unbequemlichkeiten auf seiten des Patienten einerseits (lange Fahrzeiten, Verdienstausfall, Schwierigkeiten mit dem Arbeitgeber etc.), viel zu kleine Zahl der vorgebildeten Ärzte andererseits sind zusätzliche Erschwernisse. Die Versuche, zu abgekürzten Behandlungsverfahren zu kommen, sind deshalb nur zu verständlich. Man wird dabei zwei generelle Ansätze zu unterscheiden haben: die konfliktbearbeitenden und die konfliktdämpfenden. Im ersten Fall ist das Ziel, durch Ich-Reifung (Vermehrung der »neutralisierten« Ich-Energie im Sinne Heinz Hartmanns) eine Konfliktlösung zu bewirken; im zweiten Fall werden dem Ich auxiliäre Energien – etwa in der Hypnosebehandlung – angeboten, oder es wird ein Zustand relativer Unempfindlichkeit für Angstsignale hergestellt – etwa durch die zentral angreifenden Psychopharmaka. Diese induzieren einen Zustand, der dem soeben beschriebenen bei einer interkurrenten Erkrankung vergleichbar ist: die sekundär narzißtische Regression wird gefördert, die Besetzung der konfliktbereitenden Objekte verringert (und damit auch das Krankheitsempfinden).
Es ist noch völlig offen, ob es eines Tages gelingen wird, Psychopharmaka zu entwickeln, die eine echte Konfliktbewältigung ermöglichen, indem sie dem Kranken analog zur akuten hochfieberhaften Erkrankung ein medikamentös gesteuertes Moratorium gewähren. Bei der Komplexität des psychosoma-

tischen Heilungsverlaufes, den wir soeben skizzierten, sind wir skeptisch. Jedoch fehlen uns ausreichende eigene Beobachtungen. Unser Eindruck geht dahin, daß die Konfliktdämpfung besser im Feld der eigentlichen Prozeßpsychosen, weniger bei psychoneurotischen Erkrankungen und Psychosomatosen gelingt, ohne daß wir für die Differenz der Wirkung eine ausreichende Erklärung besäßen. Wir sind geneigt, die die augenblickliche, dämpfende Wirkungsphase überdauernden Erfolge der Psychopharmaka bei der Behandlung psychoneurotischer und psychosomatischer Störungen in Übertragungseffekten, d. h. psychodynamischen Wirkungen, in der Beziehung zwischen dem Patienten und dem Arzt zu suchen. Je unkontrollierter diese Vorgänge vom Arzt beantwortet werden, desto ungesicherter ist der Heilerfolg.

Das gleiche gilt sinngemäß von allen Formen der Persuasionstherapie – zu denen z. B. auch das in Deutschland vielgeübte »autogene Training« (J. H. Schultz) gehört. Hier wirkt der Therapeut als Hilfs-Ich des Patienten. Das tut er auch, wenn er psychoanalytisch behandelt. Im Falle der letzteren Therapie wird jedoch die Übertragungsbeziehung für die Analyse der genetischen Entwicklung des Charakters genutzt, die Übertragung in ihrer jeweiligen Aktualität bewußtseinsfähig gemacht und die Entscheidung dem Patienten überlassen. In allen nicht-analytischen psychotherapeutischen Verfahren hingegen entwickelt der Arzt ein Lösungskonzept und nützt die Übertragungshaltung für dessen Realisierung. Die infantile Autoritätsabhängigkeit bleibt erhalten.

Das geht beispielsweise aus den Untersuchungen von J. Cremerius[1] hervor. Ein psychotherapeutischer Heilerfolg kann katamnestisch nur dann kritisch beurteilt werden, wenn das Phänomen des »Symptomwandels« sorgfältig berücksichtigt wurde. Der aus der Übertragungsbeziehung stammende »Gefälligkeitserfolg« oder die ebenso unerwünschte rasche Symptomheilung, die einer Abwehrleistung gleichkommt – weil der Patient die Behandlung jetzt »ungeschoren« beendigen will –, müssen in einer solchen Untersuchung ans Licht kommen. Aus dem Material von Cremerius geht hervor, daß die »analytisch orientierte«, also konfliktbearbeitende Therapie »eine wesent-

1 J. Cremerius: *Die Beurteilung des Behandlungserfolges in der Psychotherapie.* Berlin 1962.

lich höhere Quote an Symptomheilung und -besserung als die anderen Therapieformen erzielte; zugleich zeigt sie den niedrigsten Prozentsatz an Symptomwandel. Dieser liegt bei der Hypnose und Narkohypnose am höchsten« (S. 49).

Die Ergebnisse bei Abschluß der Psychotherapie – gleich, auf welchem Verfahren sie beruht – werden in der Literatur übereinstimmend mit einer Besserungsquote von 60–80 Prozent angegeben.[2] Die Katamnese, die z. B. in der Untersuchung von Cremerius acht bis zehn Jahre nach Abschluß der Therapie erfolgt, ist wesentlich weniger erfreulich. »Der durch die Katamnese festgestellte *Dauererfolg* liegt für alle angewandten Verfahren niedriger als der *Soforterfolg.*« Wobei zu beachten ist, daß die in der Untersuchung von Cremerius berücksichtigten therapeutischen Verfahren die psychoanalytische Behandlung sensu strictiori *nicht* umfassen. Psychotherapeutische Gespräche beschränkten sich im Durchschnitt auf 16 Sitzungen pro Patient (maximal 40, minimal 5 Sitzungen)[3]; die übrigen angewandten Verfahren waren Hypnose, Narkohypnose, autogenes Training. Für diese Behandlungen kam es nach einem Zeitraum von acht bis zehn Jahren »zu einer Umkehr der Änderungsquote: 74% ›Geheilter‹ und ›Gebesserter‹ zur Zeit der Beendigung der Behandlung stehen jetzt 75% ›Ungebesserte‹ (das sind alle Patienten, bei denen das Symptom unverändert blieb, sich verschlechterte oder ein Symptomwandel eingetreten ist) gegenüber«.[4]

Eine solche kritische Nachuntersuchung gibt uns nicht nur Anlaß zur Skepsis gegenüber allen raschen Heilungserfolgen, sie zeigt uns auch, wie außerordentlich stark die Tendenz zu chronischen Verläufen bei neurotischen und psychosomatischen Erkrankungen ist. Das Homöostasemodell gilt natürlich auch für die Abwehrmechanismen; sie haben durchaus eine biologische Funktion und neigen zur Selbstinduktion, selbst wo diese Funktion anachronistisch geworden ist. Wie alle einmal erworbenen Reaktionsmuster werden auch Abwehrmechanismen festgehalten, bzw. es wird zu ihnen regrediert; in den psychischen Instanzen gebundene Reaktionsweisen werden Teile des Organisationsprinzips, das in der jeweiligen Instanz vor-

2 Cremerius, ib., S. 86.
3 ib., S. 22.
4 ib., S. 81.

herrscht. Abwehrmechanismen und pathophysiologische Funktionen stehen in einem Korrelationsverhältnis; die Aktualisierung eines psychischen Abwehrvorganges (z. B. der Verleugnung) kann deshalb via Erregungsverlauf unter Abwehrdruck zur Auslösung eines Symptoms (z. B. eines Migräneanfalls) führen. Das heißt, die Abwehrmechanismen sind eine konstant gewordene, ritualisierte Antwort auf Angstsignale; sie sollen Impulse abfangen, die den »Reizschutz« durchbrechen könnten. Nun hat Angst den weiteren Effekt, ein mächtiger Antagonist aller Lernvorgänge zu sein; nur eine sorgfältige Übertragungsanalyse kann allmählich die Schwelle der Angsttoleranz des Patienten erhöhen und ihn so dazu bringen, neue Wege der Angstüberwindung zu suchen. Der Kranke muß sich in für ihn unbekannten Situationen zurechtfinden lernen, genauso wie das kleine Kind, das die Welt noch nicht kennt. Das Kind lernt im Laufe seiner normalen Entwicklung von Entwicklungsphase zu Entwicklungsphase immer mehr auf körperliche Begleiterscheinungen in Erregungsmomenten zu verzichten, desomatisierter zu antworten. Ein Zeichen pathologischer Entwicklung ist es, wenn das Individuum an Reifungsstufen fixiert blieb, in denen diese Desomatisierung noch nicht erreicht ist. Störende körperliche Begleiterscheinungen, die über die kritische Phase hinaus, in der auf sie hätte verzichtet werden sollen, erhalten bleiben, erweisen sich später als besonders therapieresistent; in mehr oder minder deutlichen Spuren bestehen sie oft auch dann noch weiter, wenn die Therapie einen gewissen Reifungsfortschritt im Sinne der Verbesserung der Ich-Leistungen erzielt hat. So haben wir Konzentrationsschwäche, rasche Ermüdbarkeit, interkurrente somatische Bedürfnisse (Hunger, motorische Unruhe etc.) auch als Anzeichen einer nicht zeitgerechten, verzögerten Desomatisierung bei der Ausübung der komplizierten Ich-Leistungen in den für unsere Kultur charakteristischen intellektuellen Manipulationen kennengelernt. Es laufen dann unbewußt zu den Denkvorgängen rudimentäre Affektäquivalente im physiologischen Substrat mit, wodurch ein permanenter Energieverlust stattfindet.

S. Z. Orgel[5] hat fünfzehn Patienten mit Magenulcus sorgfältig untersucht. Er fand, daß der Lernprozeß aktiviert werden

5 S. Z. Orgel: *Effect of Psychoanalysis on the Course of peptic Ulcer,* in: *Psychosom. Med.* XX, 1958, S. 3.

konnte, wenn immer es gelang, die Psychoanalyse über eine ausreichende Zeitperiode hin fortzusetzen. Unsere eigenen Erfahrungen bestätigen dies. Je länger die Behandlung psychosomatisch Kranker fortgeführt werden konnte, um so größer war der therapeutische Effekt – sowohl im Hinblick auf die klinischen Symptome selbst wie auf die Charakterstruktur und die Verhaltensstörungen. Die Schwierigkeiten bei der Behandlung psychosomatischer Fälle, deren Symptomatologie häufig extrem chronisch verläuft, liegen dementsprechend im Auffinden alternativer Formen der Anpassung sowohl intrapsychisch an die Triebbedürfnisse wie psychosozial. Die pathologischen Anpassungsformen der Patienten sind ein Teil ihrer Biologie geworden oder, genauer gesagt, sowohl ihres emotionellen wie ihres physiologischen Bemühens um Homöostase; daran ändert die Tatsache nichts, daß die Anpassung einengend und schmerzvoll sein kann. Der Leidensdruck ist allerdings auch in der Analyse somatisch Kranker ein großer Helfer.

Offensichtlich empfehlen sich Methoden einer unkontrollierten Übertragungsmanipulation nicht für die Therapie solcher Fälle. Natürlich stehen wir immer unter dem Zwang, allzu großen Aufwand in der Therapie verringern zu müssen, und es erhebt sich die Frage, ob wir Methoden der Kurzbehandlung entwickeln können, um intrapsychische Strukturen flexibler zu machen.

D. H. Malan[6] hat von einer Methode berichtet, die durch Michael Balint angeregt wurde und die dieser »Fokaltherapie« genannt hat. Die Hauptidee läßt sich am besten durch ein Bild vermitteln, das Balint gebraucht hat. Er erklärte einmal in einem Seminar, es ginge darum, in der Therapie ein im aktuellen Leben den Patienten besonders störendes Verhalten in der Behandlung aufzulösen, dies wirke dann wie die Loslösung eines Stammes, mit dem sich ein Floß am Ufer verklemmt hat; die gesamte psychische Struktur gerate wieder in Bewegung, der Patient könne mit Hilfe seiner integrativen Ich-Leistungen einen neuen Anpassungsschritt vollziehen. Von der einen Stelle, dem Fokus aus, kann dann eine weiterwirkende Neuorientierung der Triebbedürfnisse wie der Kontakte mit der Umwelt geschaffen werden. Für eine Urteilsbildung über die

6 D. H. Malan: *A Study of brief Psychotherapy*. London 1963. (Deutsch: *Psychoanalytische Kurztherapie*, Stuttgart, Bern 1965.)

Fokaltherapie ist es jedoch noch zu früh.[7] Da sie auf Strukturänderung des Patienten abzielt, unterscheidet sie sich im Vorgehen prinzipiell von den suggestiven, übenden, konditionierenden Behandlungsmethoden. Nach Jahrzehnten der Erprobung ist das Fazit, daß diese Methoden nicht halten, was sie anfänglich (besonders in den Augen ihrer Initiatoren) versprachen. Ein fühlbar besseres, weil rascher wirkendes therapeutisches Instrument hätten wir erst, wenn es tatsächlich gelänge, das differenzierte Wissen über psychodynamische Vorgänge, das wir aus der langen psychoanalytischen Behandlung gewonnen haben, in konzentrierten, jedoch abgekürzten Verfahren anzuwenden. Es bleibt zweifelhaft, ob tatsächlich in wenigen Wochen oder Monaten eine Änderung der Charakterstruktur einzuleiten ist, was unter anderem eine Minderung der neurotischen Abwehr und Verstärkung der integrativen Ich-Leistungen bedeuten würde. Die relativ feste Bindung der Energie an die psychischen Instanzen – eine besonders auch im Über-Ich verfestigte Bindung – läßt es unwahrscheinlich erscheinen, daß in chronifizierten Fällen gerade diese Mobilisierung rasch gelingen könnte. Daß es gleichwohl mannigfache Indikationen zur Kurzbehandlung (und diese nicht nur als Notbehelf) gibt, wird nicht bestritten.

Die Forderung nach einer besseren Ausbildung des Arztes für die Fokaltherapie kann nach unseren Erfahrungen nicht genug unterstrichen werden. Nur ein erfahrener Psychoanalytiker wird Kurzverfahren sinnvoll anwenden können. Originell und erfolgversprechend ist nach unseren Erfahrungen das Gruppentraining praktischer Ärzte, das ebenfalls von Balint[8] begonnen und von einer Gruppe analytisch ausgebildeter Ärzte an der Tavistock Clinic in London fortgesetzt wurde. Der Erfolg der Behandlung hängt dabei vornehmlich daran, wieweit es dem Arzt gelingt, die Qualität der Beziehung zwischen ihm und dem Patienten zu durchschauen und sich des Gegenagierens (z. B. des Erteilens von Ratschlägen, die sich aus der eigenen unbeachteten infantilen Omnipotenzphantasie herleiten) zu enthalten. Eine bedeutende Chance liegt in der größeren Nähe

7 Cl. de Boor und E. Künzler: *Die Psychosomatische Klinik und ihre Patienten*, Stuttgart 1963.

8 M. Balint: *Der Arzt, sein Patient und die Krankheit*, Stuttgart 1960. Ders.: *Psychotherapeutische Techniken in der Medizin*, Stuttgart 1965.

des praktischen Arztes zum Lebensbereich des Kranken; er ist, wenn er wahrzunehmen versteht, über weit mehr »Fakten« orientiert als je der Kliniker oder der Analytiker und kann sie therapeutisch nutzen. Andererseits ist der praktisch jederzeit erreichbare Zugang des Kranken zu seinem Hausarzt bedeutungsvoll. Die wechselseitig fruchtbare Kooperation von Psychoanalytikern und praktischen Ärzten dürfte der bisher größte Fortschritt sein, unsere Kenntnis der Ätiologie neurotischer und psychosomatischer Erkrankungen in verantwortungsvoller Weise dem Arzt in der Situation der Allgemeinsprechstunde zu vermitteln.

2. Die Verständigungsschwierigkeiten zwischen Arzt und Patient

Damit kommen wir auf ein Hindernis bei der Anwendung aller konfliktbearbeitenden psychotherapeutischen Methoden zu sprechen, das kaum zu überschätzen ist: auf die Verständigungsschwierigkeiten zwischen Arzt und Kranken. Es geht hier vor allem um zwei Phänomene: 1. die unterschiedlichen Krankheitskonzepte, die Arzt und Kranker haben; 2. die Bereitschaft und Fähigkeit zur Introspektion beim Kranken. Aus unserer eigenen Beobachtung[9] geht hervor, daß im Zeitraum von zehn Jahren (bei insgesamt 3481 Patienten) bei den nicht behandelten Patienten in 11 Prozent der Fälle wegen »mangelnder Kommunikationsmöglichkeiten« eine Behandlung nicht zustande kam. Im Sprachgebrauch der Klinik sind dies die »Primitivpersönlichkeiten«, bei denen die Erwartungen des Patienten mit den Anforderungen des Arztes von Anfang an nicht zur Deckung zu bringen waren. Zu diesen 11 Prozent kommt noch die Zahl derjenigen Kranken hinzu, die nach einem Interview trotz ernster Absichten mit verschiedenen Begründungen von sich aus die Behandlung ablehnten; das waren 28 Prozent (also insgesamt rund 40 Prozent aller Patienten).
Dabei ist zu unterscheiden zwischen einem unbearbeitbaren neurotischen Anfangswiderstand auf seiten des Kranken und einer völligen Verständnislosigkeit für die kritische Selbstdistanzierung, die in einem Gespräch mit dem Psychotherapeu-

9 Vgl. de Boor/Künzler, l. c.

ten gefordert wird. Im letzteren Fall ist die Ich-Reifung nie bis zur kritischen Selbstwahrnehmung fortgeschritten; man könnte in der Begriffssprache David Riesmans[10] vom außengelenkten (»other-directed«) Individuum sprechen, das eigentlich kein Individuum, sondern ein Schnittpunkt, »ein Knoten in einem superindividuellen Netzwerk«[11] ist. Die Konflikte, die der Kranke erlebt, sind ich-fremd. Die Anpassungsleistung des Ichs erschöpft sich deshalb in inneren und äußeren Konflikten, in der Zurechtstutzung der Realität durch Verleugnung, Verdrängung und ähnliche Abwehrmechanismen. Dabei werden die Konflikte unbewußt gehalten, aber keineswegs gelöst. Die Lösung erwartet das Individuum passiv-adaptiv von der Gesellschaft, einer magisch omnipotenten Macht.
Man sollte meinen, daß so ausgiebig mit ihrem Habitat identifizierte Personen keine schweren Konflikte hätten. Das ist offenbar ein Trugschluß. Denn der Zwang zur Konformität mit den kollektiven Werthaltungen ist potentiell nicht weniger belastend als eine Situation, in welcher das Über-Ich die Repressionsansprüche und Leistungsforderungen individueller Vorbilder übernimmt. Stimmen die Auffassungen der infantilen Vorbilder mit denen einer nachdrücklich auf Konformität drängenden Gesellschaft überein, so sieht sich das Individuum von Kindheit an in einer Lage, in der es sich intensiv ohnmächtig fühlen und dieses Gefühl abwehren muß. Da es aber keine abweichenden Orientierungen gibt, die Wert hätten und die Verbots- und Gebotsdirektiven relativierten und milderten, bleibt in der Tat nur die infantile Form eines Supergehorsams (um den Preis infantiler Abwehrtechniken störender Impulse). Im Längsschnitt der Entwicklung betrachtet, bedeutet dies, daß das Individuum seine abgewehrten Triebansprüche durch abweichende Identifizierungen (welche neu entdeckte Werte repräsentieren) gar nicht zur Sprache bringen kann. Das Abgewehrte blieb *sprachlos*, wie alles Nicht-Konforme einen primitiven, *unartikulierten* Dämmerbereich der Gefahr signalisiert. Entsprechend gefährlich wäre es, wenn die unbewußt regulierten Symptome und ihre Ersatzbefriedigungen als persönlichkeitsgebunden erfahren würden. Der fragende Arzt wird deshalb nicht zum Partner, sondern zu einem Vertreter dieser

10 D. Riesman: *Die einsame Masse*, Hamburg 1958.
11 Gardner Murphy: *Human Potentialities*, New York 1958.

Gefahrenzone des Nicht-Konformen, er wird projektiv von Anfang an zum Feind. Der Gewalt dieser initialen Projektion hat er meist nichts entgegenzusetzen. Es liegt dann nahe, solche Patienten – der durchschnittlichen Erwartung in unserer Gesellschaft entsprechend – medikamentös oder mit Suggestivverfahren zu behandeln, leider, wie oben erwähnt, mit wenig Hoffnung auf Dauererfolg.

3. Die Funktion des Erstinterviews

Die Behandlung des Initialwiderstandes im Erstinterview durch den Arzt ist das zentrale technische Problem. Bei einem Kranken, der von sich aus den Psychoanalytiker aufsucht, darf man meist Bereitschaft voraussetzen, sich mit den Problemen seiner Person auseinanderzusetzen.[12] Das gilt nicht für die Mehrzahl der Kranken, die man in die Ambulanz einer psychosomatischen Klinik überwiesen bekommt. Sie sind meistens in keiner Weise auf eine neue Fragerichtung des Arztes vorbereitet, die dieser für seine diagnostischen Erwägungen anwenden muß. Für die vorbehandelnden Ärzte, die oft schon vieles versucht haben, sind sie »Problempatienten«. Nicht selten erfolgt die Überweisung mit einem Unterton von Ärger und

12 Allerdings hat sich dieser Eindruck bei den Untersuchungen unserer Klinik als trügerisch erwiesen. 21 Prozent aller Ambulanzpatienten kamen auf eigenen Antrieb, ohne ärztliche Überweisung in die Klinik. Ihre Prognose war z. T. ungünstiger als beim Durchschnitt aller Patienten. Während von allen Patienten z. B. 64 Prozent weniger als 6 Jahre an ihrem Überweisungssymptom litten, waren es bei den von selbst gekommenen nur 55 Prozent. Entsprechend waren von ihnen 45 Prozent bereits länger als 6 Jahre krank; gegenüber 36 Prozent im Patientendurchschnitt. So sprach sich die Klinik nach der Ambulanzuntersuchung bei den von selbst gekommenen in 65 Prozent der Fälle gegen eine Behandlung aus, gegenüber 58 Prozent bei der Gesamtheit aller Ablehnungen (bei den restlichen 34 Prozent bzw. 42 Prozent erfolgte die Behandlungsablehnung durch die Patienten, bzw. Patient und Klinik gemeinsam). Wurden die von selbst gekommenen Patienten während einer Probebehandlung mit den Anforderungen einer analytischen Therapie vertraut, so waren sie häufig in ihren übertriebenen, meist magischen Hoffnungen enttäuscht und brachen nun ihrerseits besonders häufig die begonnene Behandlung ab (vgl. de Boor/Künzler, l. c.). Die Patienten, die spontan kommen, sind meist Kassenmitglieder. Sie sind zwar oft bereit, finanzielle Opfer für die Behandlung zu bringen, wollen aber dafür, im Unterschied zu dem, was ihr Hausarzt oder der Facharzt für sie tun kann, ausgesprochen magisch geheilt werden.

Enttäuschung – hinzu kommt, daß die einweisenden Ärzte selbst wenig neurosenpsychologische Kenntnisse besitzen und deshalb den Kranken auch gar nicht vorbereiten können.[13] Der Kranke selbst ist zuweilen erleichtert, daß er mit einem Arzt sprechen kann, der Zeit und Verständnis für ihn aufbringt. Häufig wird er jedoch aus den angedeuteten Gründen seiner Charaktereigenart eine Annäherung an intrapsychische Angstquellen mit einer Verstärkung seiner Abwehrmechanismen (Verleugnung, Verkehrung ins Gegenteil – »in meinem Leben ist alles in bester Ordnung, Herr Doktor«) beantworten. Deshalb müssen wir bei unseren Erwägungen über die Indikationsstellung zur Therapie uns auf zwei diagnostischen Ebenen bewegen: der Symptomdiagnose (Art, Dauer, Stellenwert des Symptoms) und der Beziehungs- oder Interaktionsdiagnose. Hier geht es um Fragen, ob und wieweit der Kranke fähig ist, affektive Einstellungen wenigstens im Ansatz auf vorsichtige Fragen hin zu korrigieren; ob und wieweit er dem Arzt von sich selbst Mitteilung geben kann und sein aktuelles Verhalten im Interview aufzufassen vermag, wenn er darauf hingewiesen wird.[14]

Beim Arzt setzt dies ein hohes Maß von Aufmerksamkeit gegenüber seinem Gesprächspartner und Einfühlungsvermögen in dessen Erlebnisweisen (seine Vermeidungen schuld- und angstbesetzter Inhalte und Toleranz für aggressive Abwehr etc.) voraus. Der Zugang zu Kranken, die sich sozial in ihrem Körperleiden anerkannt fühlen, die in Krankheitsfällen bei sich selbst und ihren Familienmitgliedern und Bekannten nie auf eine Einstellung getroffen sind, welche Krankheit mit tieferen Persönlichkeitsproblemen in Zusammenhang brachte; zu Kran-

13 Dies erläutert ein Vergleich der Verteilung jener Diagnosen, mit denen die Patienten in die Klinik eingewiesen werden, mit den Diagnosen, die nach der Untersuchung in der Klinikambulanz gestellt wurden. 52 Prozent aller Patienten wurden mit einer Organdiagnose überwiesen, nur 9 Prozent mit einer exakten Neurosendiagnose. 28 Prozent wurden ohne genauere diagnostische Bezeichnung in die Klinik geschickt. Nach der Ambulanzuntersuchung wurden durch die psychoanalytisch ausgebildeten Untersucher nur noch in 37 Prozent der Fälle Organdiagnosen gestellt, aber in 38 Prozent Neurosendiagnosen. Lediglich 4 Prozent konnten diagnostisch nicht befriedigend abgeklärt werden. (Die restlichen Diagnosen entfallen auf Perversionen, Suchten, Psychosen etc. Vgl. de Boor/Künzler, l. c.).

14 Vgl. H. Argelander: *Das Erstinterview*, in: *Psyche* XXI, 1967, Teil I, 341 ff.; Teil II, 429 ff.; Teil III, 473 ff.

ken, die aus sozialen Schichten oder Berufen stammen, welche dem Arzt fremd sind – der Zugang zu dieser Vielzahl von Kranken ist für den Arzt, der auf Verständnis für seine Fragen angewiesen ist, außerordentlich schwer. Es hat uns mehr als ein Jahrzehnt aufmerksamer Beobachtung gekostet, Fehlerquellen auf *unserer Seite* überhaupt erst sehen zu lernen. Die Interaktionsdiagnose – ohne die eine Symptomdiagnose ein unhandliches Fragment bleibt, jedenfalls was die Indikationsstellung zur Psychoanalyse oder zur Psychotherapie betrifft – ist dasjenige Element unserer Technik, dem wir die größte Aufmerksamkeit schenken. In Parenthese darf angemerkt werden, daß wir, je besser wir von der ersten Begegnung an die Mitteilungen des Patienten zu verstehen gelernt hatten, um so genauer die Symptomdiagnose zu stellen in der Lage waren. So sind uns nicht wenige Fälle vorgekommen, die mit der Diagnose eines »psychogenen« Zustandes überwiesen wurden und die wir aufgrund unserer Interviews an den Facharzt zurückschicken konnten mit der Bitte, eine nochmalige Untersuchung vorzunehmen, wobei sich dann organische Befunde zum Beispiel von der Qualität eines Carcinoms oder einer chronischen Vergiftung usw. ergaben.

4. *Soziale Vorurteile in bezug auf die Krankheitsinterpretation*

Dennoch sind uns nicht selten Grenzen gesetzt, die wir nicht nur bei den genannten »Primitivpersönlichkeiten« – *aller Sozialschichten* – nicht zu überschreiten vermögen. Sie lassen sich vielleicht am besten an einem Beispiel aufzeigen. Ein Arzt kann es sich in Deutschland, will er seinen Ruf nicht gefährden, in den allermeisten Fällen nicht leisten, grob konversionshysterische (oder organneurotische) Störungen bei seiner Privatklientel als solche zu diagnostizieren und dementsprechend zu behandeln. So wird er die Frau einer einflußreichen Persönlichkeit, wenn sie über Schlaflosigkeit oder über migränöse Kopfschmerzen klagt, symptomatisch behandeln; und wenn der Ehemann selbst an einer Hypertonie oder schweren depressiven Angstzuständen erkrankt, wird er ihm diätetische Ratschläge geben oder ihn zu einer Sanatoriumskur schicken. Das Tabu, niemals ein Versagen aufgrund innerpersönlicher

Konflikte zur Sprache zu bringen, wird vom Patienten wie vom Arzt nicht verletzt – falls der Arzt überhaupt in der Lage ist, die Diagnose einer neurotischen Erkrankung zu stellen und es nicht bei Organhypothesen beläßt. Eine Bestätigung dieser Tatsache ist daran abzulesen, daß Patienten mit der Diagnose einer Neurose bzw. psychosomatischen Erkrankung aus den unteren Sozialschichten rascher vom behandelnden Arzt an unsere Klinik überwiesen werden als solche aus den gehobenen Schichten.
Pointiert ließe sich sagen, daß die Krankheitsinterpretation beim durchschnittlichen Arzt vielleicht dreißig Jahre, die des Kranken selbst vielleicht fünfzig Jahre und mehr hinter dem gegenwärtigen Stand unseres Wissens herhinkt. Jeder Zufallsbefund, jedes Mikrosymptom, das ätiologisch zur Erklärung des Zustandes vom Arzt herangezogen wird, bestärkt den Kranken in seiner Auffassung, daß sein Körper, seine »Konstitution«, seine ererbte Veranlagung, nicht aber seine Erlebniswelt, seine seelische Entwicklungsgeschichte und die Haltungen, Einstellungen, die er angenommen hat, die entscheidenden Krankheitsmotive sind. Übersimplifizierend haben Arzt und Patient nur *ein* Krankheitsmodell: das von Krankheiten, bei denen wir in der Tat ein dominantes Erbgeschehen oder einen organischen Prozeß definitiver Art (wie beim Carcinom oder bei der perniziösen Anämie) zu sehen bekommen.
Der »Mann von der Straße« bringt die gleiche Einstellung mit; auch für ihn ist soziales Prestige damit verknüpft, wie seine Krankheit gesehen wird. Da ein Bild, vergleichbar der einfachen Zuordnung Erreger-Infektion, von der Entstehung psychosomatischer Krankheiten nicht zur Verfügung steht, da keine Vorstellungen von einiger Deutlichkeit über das Nachwirken infantiler Erlebnisse auf Charakterstruktur und Verhalten bestehen, und zwar weder in der Öffentlichkeit noch in den Ärztekreisen – von den medizinischen Lehrern bis zum Hausarzt – verschwimmt alles, was mit einer seelischen Beteiligung an Krankheitsvorgängen zu tun haben könnte, in einem vagen Bereich zwischen Erbanlage, Simulation, mangelnder »Willenskraft« und ähnlichen Globalbegriffen. Es ist immerhin erstaunlich, daß eine seit langem währende Beschäftigung der Massenmedia mit den Problemen der Neurose, der Psychologie des Kindesalters, psychosomatischen Krankheiten wie Ulcus,

Asthma, essentielle Hypertonie, die oft keineswegs ungeschickt dargestellt wurden, kaum Einfluß auf die alltäglich praktizierten Einstellungen (beim Publikum noch eher als bei der Ärzteschaft) gewinnen konnte. An zahlreichen Beispielen haben wir uns davon überzeugen können, daß die kollektiven Vorurteile unerschüttert weiterbestehen.
Ein Patient, der sich – jedenfalls in Deutschland – in psychotherapeutische, speziell psychoanalytische Behandlung begibt, tut nach wie vor gut daran, diese Tatsache zu verschweigen. Er kann nicht mit einem wohlwollenden Verständnis seiner Umwelt für diese Behandlung rechnen, so wie er das bei jeder somatisch zentrierten Therapie erwarten darf. Eine rasche Umorientierung auf ärztlicher Seite steht in absehbarer Zeit nicht in Aussicht. Keineswegs sind Psychoanalyse und rationale Psychotherapie oder psychosomatische Medizin als Fachgebiete ein anerkannter Zweig der medizinischen Forschung. Ein spontanes Interesse der Studenten oder jüngeren Ärzte an diesen Problemen wirkt sich nur zögernd aus. Der Unterricht, wenn überhaupt ein solcher fachkundig gegeben wird, beschränkt sich auf gelegentliche Vorlesungen, die nirgendwo zum Pflichtbereich gehören. Aus unserer Gruppenarbeit mit praktizierenden Ärzten wissen wir aber, wie schwer es ist, die Technik der Interaktionsdiagnose zu erlernen; es bedarf dazu ebenso jahrelanger Übung wie für die Fertigkeit, eine treffende Symptomdiagnose zu stellen.
So wirken mannigfache Faktoren in der Gesamtgesellschaft der Entwicklung eines Problembewußtseins für psychosomatische Zusammenhänge entgegen. Die Gründe dafür zu untersuchen, gehört nicht zu unserer augenblicklichen Aufgabe. Es steht zu vermuten, daß dieselben Kräfte, mit denen die Adaptierung an die Wertnormen der Gesellschaft, in der wir leben, erreicht wird – nicht selten um den Preis einer seelischen oder psychosomatischen Krankheit –, auch auf die Beibehaltung eines status quo der Erkenntnis drängen. In physikalischer Analogie läßt sich von der Trägheit der Masse sprechen, biologisch und sozialpsychologisch gesehen geht es, wie erwähnt, um den Widerstand gegen eine Störung einmal erreichter Regulationsgleichgewichte. Der terror novi ist ein humanes Pendant zur Rigidität erbgenetisch verankerter Verhaltensmuster bei veränderten Umweltbedingungen. Die Ich-Entwicklung mit ihren an das

Neugierverhalten geknüpften Lernvorgängen ist die letzte und vorerst schwächste Evolutionsstufe des Menschen.

5. *Die soziokulturelle Beschränkung der Behandlungsbereitschaft*

Auf die Behandlungsbereitschaft wirken sich alle diese kurz angedeuteten Umstände unmittelbar aus. Das gesamte Krankenversicherungssystem spiegelt die ätiologischen Konzepte der offiziellen Medizin um 1890 wider. Auch dies läßt sich am sinnfälligsten an einem Beispiel zeigen: im Jahre 1961 wurden in einer Stadt mit rund einer halben Million Einwohnern 8 Millionen Mark für die Krankenversorgung aufgewandt – davon nur 4000 DM für Psychotherapie. Hier sei nachdrücklich auf die Denkschrift der Deutschen Forschungsgemeinschaft zur Lage der ärztlichen Psychotherapie und psychosomatischen Medizin[15] hingewiesen. Unter den gegebenen Verhältnissen kann in Deutschland nur jeder tausendste behandlungsbedürftige Neurotiker ärztlich angemessen behandelt werden.
Dem Kranken droht unter Umständen, falls eine zutreffende psychosomatische Diagnose gestellt wird, ein Verlust des Versicherungsschutzes, da die psychotherapeutische Behandlung – im Sinne der Tiefenpsychologie – nicht zu den versicherungspflichtigen Heilbehandlungen gehört. Die Krankenkassen sind dementsprechend in den meisten Fällen nicht gewillt, eine solche Behandlung zu finanzieren, oder sie tun es nur unzureichend.
Es ist aber noch eine weitere Schwierigkeit zu beachten: nach unseren langjährigen Erfahrungen hat sich uns die Auffassung bestätigt, daß eine für den Kranken als fühlbares Opfer empfundene Beteiligung an dem ärztlichen Honorar eine wichtige Grundvoraussetzung für eine erfolgreiche Behandlung ist. Die Kranken haben jedoch, dem Versicherungsgedanken folgend, längst die Verantwortung für den therapeutischen Erfolg der Institution Krankenversicherung übertragen. In einer Forschungsklinik wie der unseren, die nicht auf ihre Einkünfte aus Honoraren angewiesen ist und die deshalb auch bei sehr geringer Honorarbeteiligung Behandlungen übernehmen kann,

15 Verfaßt von Albert Görres, Wiesbaden 1964.

kommt es nicht selten vor, daß Kranke dem Arzt eine lächerlich geringe Summe anbieten, die aufzubringen sie in der Lage seien; im Verlauf der Analyse zeigt sich dann freilich, daß sie gleichzeitig ein Haus bauen oder ein aufwendiges Auto erwerben. Daraus wird deutlich, wie selbstverständlich für sie ärztliche Hilfe als Versicherungsanspruch ist; wie selbstverständlich es ihnen ist, daß sie im Zustand der Krankheit passiv bleiben dürfen, und als welche Zumutung sie nicht nur die in der analytischen Behandlung geforderte Aktivität, sondern auch den Anspruch ihres ärztlichen Partners in dieser therapeutischen Situation empfinden. Bekanntlich kann man einen schwer Suchtkranken, der in seiner Umwelt reichlich Möglichkeiten hat, seine Sucht zu befriedigen, kaum oder gar nicht ambulant behandeln. Vergleichbar ist die Lage des Kranken, bei dem wir die Diagnose einer psychosomatischen Erkrankung stellen. Ein überwältigendes Maß an Gratifikation wird ihm bei passivem Verhalten zuteil; Hospitalaufenthalt mit Behandlungsmethoden, denen er sich passiv unterwerfen darf, Sanatoriumsverschickungen, Krankschreibung. All das, zuzüglich der Gewißheit, an einer »respektablen« Krankheit zu leiden, muß als höchst wirksame Unterstützung der intrapsychischen Abwehrmechanismen wirken. Dem Rationalisierungsbedürfnis des Kranken wird dabei willkommene Nahrung geliefert. Dies um so mehr, als die diagnostischen Unsicherheiten auf der ärztlichen Seite unbewußte Schuldgefühle des Arztes erwecken und er deshalb zu Maßnahmen greift, die den sekundären Krankheitsgewinn des Patienten vermehren.

6. *Prognostische Erwägungen*

Einerseits haben uns unsere Erfahrungen gelehrt, daß Nachgiebigkeit auf unserer Seite – also der Versuch, den Kranken für die psychoanalytische Behandlung dadurch zu gewinnen, daß wir ein ganz niedriges oder gar kein Honorar forderten – sich ungünstig auf den Verlauf der Therapie und auf ihr Ergebnis auswirkte. Andererseits stehen wir vor der Tatsache, daß auch die beste Interviewtechnik, das schonungsvollste Vorgehen bei der Einleitung der Behandlung eine große Zahl von Patienten, die gänzlich unvorbereitet zu uns geschickt werden,

nicht zu erreichen vermag. Die Forderung, altvertraute Auffassungen, die von ihrer Umwelt geteilt werden, aufzugeben, ist für sie inakzeptabel. Die Vermutung liegt nahe, daß der Verwöhnungsanspruch, der so naiv gestellt zu sein scheint, tatsächlich eine Reaktionsbildung auf bewußt nicht artikulierbare Entbehrungen darstellt. Wir haben einsehen gelernt, daß bei einer Vielzahl unserer Patienten die Symptombildung zwar der Ausdruck ihres persönlichen, individuellen Reaktionsschemas ist, daß aber im individuellen Konflikt, in den Inhalten ihrer Wunschphantasien, in der Orientierung ihrer inneren Zensurinstanzen, anonyme, für das jeweilige soziale Feld gültige Kollektivvorstellungen und Wertgehalte eine ausschlaggebende Rolle spielen. Zwar fungieren diese Gehalte als Reize im Individuum, es empfindet sie als seine eigenen Impulse und Wertsetzungen, aber de facto sind sie präindividueller, kollektiver Natur. Ihnen gegenüber sind die mit »Entscheidungsfähigkeit« zu charakterisierenden Ich-Leistungen in einer ärztlich nicht mehr beeinflußbaren Weise unentwickelt geblieben.
Es bedarf keiner ausführlichen Begründung, daß man zwar mit solcher Steuerung sich mehr oder minder unauffällig anpassen kann, daß aber Anforderungen dieser Art unerträgliche Spannungen zu erzeugen vermögen; gegen sie ist das Individuum freilich besonders hilflos, weil dem Ich die Kategorie des Widerstandes gegen soziale Zwänge fehlt. Die Konfliktlösung kann in progressiver Weise nur dann erfolgen, wenn solche kritische Fähigkeit als eine Potenz weckbar ist. Erst wenn der Sozialautomatismus, kollektiven Handlungsweisungen bedenkenlos zu folgen, selbst Gegenstand der Frage wird, kann die dort gebundene libidinöse und aggressive Energie dem Ich verfügbar werden, statt über es Herrschaft auszuüben.
Es ist gewiß nicht leicht, in wenigen Stunden das Ausmaß abzuschätzen, bis zu dem fixiertes Triebverhalten mobilisiert werden muß, um dem Patienten Erleichterung zu verschaffen, und vorauszusehen, ob und wieweit der Kranke dazu in der Lage sein wird. Unser Eindruck geht dahin, daß die *Entwicklungsfähigkeit der Ich-Leistungen*, »ohne die eine auf Konfliktlösung abzielende Therapie scheitern muß, eine Potenz darstellt, die völlig unabhängig vom sogenannten Bildungsgrad des Kranken ist. Unter günstigen Umständen kann sie auch in einem langen und schweren Krankheitszustand erhalten ge-

blieben sein. Die Fähigkeit, auf ein verstehendes Angebot affektiv einzugehen, scheint uns das sicherste prognostische Zeichen dafür, daß, mit Freud zu sprechen, das Symptom nicht den besten Ausgang darstellt, der für den Kranken erreichbar war.

Die Skizzierung dieser Problemfelder ist sicher eine große Vereinfachung – sie stellt einen Beitrag zu dem Versuch dar, Leitlinien für die psychosomatische Medizin, ihre Krankheitslehre, ihre Diagnose- und Prognosestellung, zu finden. Wir können nur hoffen, daß die vorliegende Vereinfachung keine grobe Entstellung ist.

VIII. Soziologische und psychoanalytische Forschung als natürliche Verbündete

Jedermann weiß, wie schwer es fällt, eingeschliffene Organisationsformen so zu verändern, daß neue Konzepte zur Wirkung gelangen können: eine solche prinzipielle Kritik unterscheidet sich wesentlich etwa von organisatorischen Verbesserungen. Beispielsweise haben uns die Untersuchungen von René Spitz[1] über die körperlich-seelische Entwicklung von Kindern im ersten Lebensjahr gezeigt, daß beste hygienische und diätetische Fürsorge allerschwerste Entwicklungsschäden nicht verhindern kann, wenn nicht gleichzeitig der affektive Kontakt zwischen Kind und Mutter (oder deren Ersatzfigur) intensiv gepflegt wird. Eine betrieblich ausgezeichnet funktionierende Säuglingsstation kann deshalb in ihrer Arbeitsweise nur revidiert werden, indem man ein differentes Krankheitskonzept zur Anwendung bringt. Diese neue Modellvorstellung von Krankheit bezieht im angeführten Beispiel aber eine soziale Grundkonstellation, nämlich die affektive Beziehung zweier Menschen – der Mutter und des Kindes –, in die Betrachtung mit ein. Jede Störung der Sozialbeziehung Mutter-Kind wirkt nach dieser Arbeitshypothese pathogen.

Prinzipienkritik läßt sich heute innerhalb der Medizin und ihrer Einrichtungen nicht vermeiden. Ein Konzept der Medizin, das den Menschen als Kranken monadisch sieht, das Krankheit als pathophysiologisches Geschehen im Körper aus endogenen Körperursachen oder aus materiellen Außenreizen begreift, wird, wenn überhaupt, die Pathogenität sozialer Verflechtungen oder Isolierungen nur in einer vagen, ungenauen Weise erkennen und damit alle über die Emotionalität körperwirksamen Krankheitsursachen und Heilungshindernisse, oft sehr folgenschwerer Art, nicht ausreichend einzuschätzen wissen.

Diese höchst summarische Entgegensetzung von zwei Krank-

1 R. A. Spitz: *Hospitalism*, in: *Psychoanal. Study Child*, Vol. I, 1945; ders.: *Anaclitic Depression*, ibid. Vol. II, 1946; ders.: *Die Entstehung der ersten Objektbeziehungen*, Stuttgart 1957; ders.: *Vom Säugling zum Kleinkind*, Stuttgart 1967.

heitsmodellen mag erhellen, was mit der Bemerkung gemeint ist, daß die *Kritik der Einrichtungen an Konzepte von Krankheit und Kranken* gebunden ist. Das nach betriebstechnischen Gesichtspunkten genau geplante Krankenhaus kann für den Kranken nichtsdestoweniger gerade wegen dieses Betriebes eine Tortur bedeuten. Auch hier genügt eine exemplarische Illustration: die Ungeniertheit, mit der sich der Betrieb lärmend und dirigistisch abwickelt und auf die persönliche Minimalumwelt, die jeder Kranke wie jeder Mensch zu seinem Wohlbefinden braucht, wirklich keine Rücksicht nimmt, ihn also wie einen »Untermieter« behandelt – das alles sind Ergebnisse vielfältiger Gruppenverhaltensweisen der im Krankenhaus herrschenden Gruppen dem eingewiesenen und durch die Diagnose- und Therapiezentren »geschleusten« Patienten gegenüber. Man kann den Sachverhalt auch liebenswürdiger formulieren: das gut geleitete, rücksichtsvolle Krankenhaus, das dem Patienten ein hohes Maß an Geborgenheit erlaubt, ist nicht zuletzt ein Produkt besser integrierter Gruppenarbeit, und jeder erfahrene Krankenhausarzt weiß, wieviel Kontrolle und Erziehung zur Selbstkontrolle aller Mitwirkenden notwendig ist, um eine solche Atmosphäre zu schaffen.

Vielleicht kann man von der *Erziehung zur Selbstkontrolle* ausgehen, um einen Gedanken weiter zu verfolgen, den H. Schelsky in einem Referat *Die Soziologie des Krankenhauses im Rahmen einer Soziologie der Medizin*[2] formuliert hat: Die wichtigste Hilfe, welche die Soziologie der Medizin geben könne, sei die Untersuchung ihrer Sozialstruktur von der Allgemeinpraxis bis zum Krankenhaus, von der Ausbildung bis zur Forschung, von den Standesorganisationen bis zur akademischen Hierarchie. Auf diese Weise werde »eine Disziplin als Ganze zum Gegenstand der anderen«. Gegen eine solche Untersuchung besteht heute freilich tiefe Abneigung. Der kritische Beobachter wird zum Feinde, der mithört.

Der heute praktizierende Arzt ist naturwissenschaftlich geschult. Er wendet eine Technik an, deren Ergebnisse er gleichsam objektiv bewertet sehen will. Wir wollen hier nicht untersuchen, wie objektiv die Methodik im einzelnen überhaupt sein kann. In der *Diagnose* jedenfalls sind, von den einfachsten

2 H. Schelsky: *Die Soziologie des Krankenhauses im Rahmen einer Soziologie der Medizin*, in: *Der Krankenhausarzt* 31, 1958, S. 169 ff.

Fragestellungen abgesehen (beispielsweise der Diagnose eines Schenkelbruchs oder von Urinzucker), ungezählte subjektive Faktoren enthalten: die Kombination und Bewertung der Untersuchungsergebnisse, der klinische Blick, die Haltung des Arztes im explorierenden Gespräch, die es dem Patienten erlaubt oder unmöglich macht, sich zu erschließen, und so weiter. Noch entschiedener als die Diagnose hängt die *Therapie* von der Subjektivität des Arztes und des Patienten und dem sich zwischen beiden herstellenden menschlichen Verhältnis ab. M. Balint[3] hat die Kurzformulierung von der »Droge Arzt« gefunden, deren Pharmakologie noch fast völlig unbekannt sei. Und wenn sogar ein alterfahrener Praktiker wie Stoevesand im Fall der toxischen Wirkung dieser Droge geradezu vom »Arzt als Krankheitserreger« spricht, dann verliert der Ruf nach der kritischen Prüfung der ärztlichen Verhaltensweise seinen rhetorischen Charakter.

Ein wichtiges Problem steht ungelöst vor uns: die Durchleuchtung des ärztlichen Handelns im sozialen Feld. Um hier einen Schritt weiterzukommen, wäre zunächst die *systematische Relativierung* eines Konzeptes der Heilkunde durch die Beachtung neuer Wirkungsgrößen notwendig, als da sind: das unbemerkt von seinen Identifikationen gesteuerte Verhalten des Arztes, das Einfließen eigener Überzeugungen und Wertmaßstäbe in eine in der bewußten Rechenschaft »rein« suchorientierte Tätigkeit. Untersucht man einerseits neben den biologischen Leistungen auch die Bedeutung emotioneller Einflüsse auf das Zustandekommen der Symptomatik, so gewinnt man einen breiteren Einblick in die mögliche Ätiologie; analysiert man nicht nur die Einstellung des Kranken zu seiner Umwelt – wie sie aus seinen Berichten hervortritt – sondern auch seine aktuelle Einstellung zum Arzt und seinem Wirkungsfeld (zum Beispiel dem Krankenhaus), so darf man andererseits nicht in die Naivität verfallen zu glauben, der Arzt sei sich über seine eigenen Verhaltensweisen (und deren unbewußt bleibenden Motivationen) in allen Lebenslagen völlig im klaren. Er hat zwar ein Eigenbild, doch es ist für ihn, wie für jedermann, sehr mühevoll, ein Wahrnehmungsvermögen für skotomisierte breite Anteile des eigenen Verhaltens zu entwickeln. Und diese Skotome betreffen leider auch die Fähigkeit und Fertigkeit,

3 M. Balint: *Der Arzt, sein Patient und die Krankheit*, Stuttgart 1957.

Mitmenschen, vorzüglich den Kranken, in ihrer Eigenart zu verstehen. Ebenso verhält es sich mit dem Bild, das man sich von der Organisation gemacht hat, in der man wirkt; es unterscheidet sich oft in wesentlichen Punkten von dem, das dem Außenstehenden, hier dem Kranken, sich darbietet. Wenige Andeutungen über derartige gruppeneigentümliche Selbstverständlichkeiten – und Vorurteile – und die daraus folgenden Verständigungsschwierigkeiten genügen, um deutlich werden zu lassen, daß die verhaltenspsychologische und soziologische Analyse des Arztes in der Praxis und eines ärztlich-pflegerischen Leistungskombinates, wie es das Krankenhaus darstellt, ein durchaus dringliches Vorhaben ist. Die Lehren, die aus der Unterwerfung einer Disziplin unter die Forschungsprozeduren einer anderen zu ziehen sind, haben freilich häufig etwas Peinigendes; sie treffen den Arzt dort, wo er am ungedecktesten ist: in seinem Rollenverhalten. Die Anstrengungen seiner Wissenschaft haben in äußerster Konzentration der Entwicklung objektiver diagnostischer und therapeutischer Methoden gegolten. Er selbst schien wie alle »Techniker« hinter die angewandte Methode zurücktreten zu dürfen. Der objektive Fehler dieser Auffassung ist leicht auszumachen: in einer breiten Skala von ärztlichen Handlungen sind gerade die ignorierten Verhaltenseigentümlichkeiten des Arztes (früher sagte man: sein »Fluidum«) das entscheidende Moment der ärztlichen Leistung, nicht die Anwendung der naturwissenschaftlichen Erkenntnisse. Das beinah Tragische an diesem Vorgang ist, daß dem Arzt in seiner Schulung der Blick für solche Wirksamkeit seiner Person getrübt wird; und doch nützt er sie in der Praxis so vielfältig, daß Balint wohl mit Recht sagt, die Droge Arzt sei die meistgebrauchte aller Drogen. Medizin treiben heißt, in einem sehr genau umrissenen Sozialbezug handeln. Eine wissenschaftliche Analyse dieses »Feldes« im Sinne von Kurt Lewin kann also der Heilkunde nur neue Wirkungsmöglichkeiten eröffnen – wenn sich auch unter schmerzhaften Erkenntnisvorgängen vieles an ihrem heutigen Betrieb wird ändern müssen.

Die eingangs erwähnte Schwierigkeit der strukturellen Änderung von Einrichtungen der Gesellschaft mit einer eigenen Routine und Administration liegt sicher weniger in der »Schwerfälligkeit« solcher Organisationen als in den großenteils unbewußt bleibenden affektiven Widerständen der in ihnen Tätigen. Das Verlangen, durch die Gewohnheit geheiligte Leistungen gegen neue Anforderungen zu tauschen, bedeutet nicht nur Übernahme von Risiko und die Anstrengung neuerlichen Lernens, sondern unter Umständen sogar Gefährdung der gegenwärtigen Sicherheit des »Postens« und des mit ihm verbundenen Sozialprestiges. Mögen diese Dinge im einzelnen sehr unterschiedlich zu bewerten sein, sicher ist, daß sie nur ungern zugegeben bzw. ins Bewußtsein gebracht werden. Statt dessen werden mit mehr oder minder großem taktischem Geschick realistisch imponierende Bedenken vorgeschoben; und zwar um so nachdrücklicher, je weniger ausgeglichen das innere Gefüge einer solchen Einrichtung ist, je mehr Aggression und Angst bei den einzelnen Mitgliedern latent bereitliegen.

Die affektiven Widerstände gegen eine soziologische Analyse der ärztlichen Tätigkeit dürften aus verschiedenen Motivquellen stammen. Drei seien kurz vermerkt.

1. Die Einschätzung des Arztes in der Gesellschaft ist widerspruchsvoll. Einerseits erwartet man von ihm »Magie«, sieht in ihm den »Heiler«, Zauberer; andererseits sind seine Abhängigkeit von der pharmazeutischen Industrie, vom Kassenwesen, und die Einengung seines Zuständigkeitsbereiches durch fortschreitende Spezialisierung in der Öffentlichkeit nicht unbekannt geblieben. Der Arzt ist also – und das ist eine neue soziale Realität – in einem Feld tätig, in dem irrationale Wünsche (Heilungshoffnung) und rational definierte Forderungen (Behandlungsanspruch, ein Heilungsanspruch oder, im Fall des Versagens der Therapie, die Manipulierung des Versorgungsanspruches) seine Arbeit mitbestimmen. Diese Leistungsforderungen der Allgemeinheit an den Arzt sind zum großen Teil aus der optimistischen Phase der naturwissenschaftlichen Medizin, besonders aus ihren großen Erfolgen bei der Bekämpfung der Infektionen und der Entwicklung chirurgischer Techniken, erwachsen. Die Morbidität ist trotzdem nicht gesunken. Neue, typische Formen des Krankseins treten heute in den Vordergrund.

Die Grenzen der rein naturwissenschaftlichen Medizin sind heute klar; ebenso die Notwendigkeit, für eine Vielheit von Erkrankungsformen ein der menschlichen Lebenswirklichkeit angemesseneres Konzept der Krankheit zu entwickeln. Das Moment des Erlebens tritt in einem solchen Konzept gleichberechtigt neben das Moment der biologischen Funktion; beide lassen sich nicht aufeinander reduzieren, sie bestehen gleichberechtigt nebeneinander. Unsere Kenntnis der Erlebnisbereiche und ihrer Auswirkung auf die biologischen Funktionen ist, wie mehrfach in diesen Kapiteln betont, noch recht mangelhaft. Um den Kranken in seiner Erlebniswelt zu verstehen und um abschätzen zu können, wie diese mit dem biologischen Funktionsgefüge verknüpft ist, bedarf es neuer wissenschaftlicher Erkenntnisse.

Begreift man den Kranken als erlebendes Individuum und nicht als »Körper« allein, so kann die Illusion eines gelingenden »Zurücktretens der Person hinter die Institutionalität der Rolle« (Schelsky), wie sie bisher vom Arzt verlangt wurde, nicht länger aufrechterhalten werden. Der vorwiegend naturwissenschaftlich orientierte Arzt konnte in seinem Beruf den irrationalen Wünschen und rationalen Forderungen dadurch gleichzeitig genügen, daß er nach seiner eigenen »persönlichen Gleichung« irrational gesteuertes Verhalten (die Art, wie er die Rolle des Heilers spielen wollte) mit rationaler Technik (seinem Berufswissen) vereinte. Wendet er diese Methode in der psychologischen Krankenbehandlung an, so gleitet er unweigerlich in vorwissenschaftliches Magiertum ab, mögen sich auch spektakuläre Erfolge – echte oder scheinbare – zu seiner Selbstbestätigung anbieten.

Den entscheidenden Fortschritt der psychosomatischen Medizin in jüngster Zeit brachte die Nutzung der tiefenpsychologischen Entdeckungen, deren Qualität man darin erblicken mag, daß sie uns erkennen lehrten, wie unser Wissen vom Menschen als einem Subjekt durch unsere eigene Subjektivität vermittelt ist. Oder feldtheoretisch: wie das Verhalten des einen Partners immer durch das Verhalten des anderen mit konstelliert wird. In jeder tiefenpsychologischen Krankenbehandlung war das soziale Moment also von Anfang an in zweifacher Hinsicht bewußt: 1. die Beziehung zwischen Patient und Arzt wurde als Modellfall für das soziale Verhalten des *Kranken* untersucht und der Arzt angehalten, sein eigenes Verhalten so skotomfrei, so kontrolliert wie möglich zu gestalten (wozu ihm eine langwierige Schulung abverlangt wird); 2. die Weise, in welcher der Patient zwischenmenschliche Beziehungen erlebt und interpretiert, wird der sorgfältigsten Kritik unterzogen,

ja, diese Analyse ist geradezu das Kernstück der Therapie, die zu einer neuen Verteilung und Nutzung der emotionellen Kräfte führen soll.
Die in der Therapie unternommene Analyse seines sozialen Verhaltens erweckt im Patienten zunächst Angst. Denn sie gefährdet eine unabsehbare Reihe von Verhaltensweisen, Urteilshaltungen, die weitgehend auf selbstverständlich gehandhabten Vorurteilen beruhen. Mit diesen Verhaltensweisen haben aber beide, Arzt und Patient, ihre soziale Anpassung vollzogen, die, mag sie noch so viele störende und konfliktschaffende Folgen zeitigen, eine Art von Gleichgewichtssystem zwischen der Innenwelt des Individuums und seiner menschlichen Umwelt darstellt. Gerade mit diesen Einstellungen und Verhaltensweisen verknüpft sich nun sein Identitätsgefühl; jeder Anspruch auf Änderung muß wegen der ungewissen Reaktionen der Umwelt und der Drohungen des Über-Ich die Furcht erwecken, man werde »Gesicht« verlieren. Zudem kann die Bewußtwerdung des bisher selbstverständlich vollzogenen Verhaltens Schuldgefühle mobilisieren: was hat man auf diese Weise anderen zugefügt, was versäumt? Ohne langen Umgang mit sich selbst und mit Patienten, die man als Individuen (als *konkreten* Fall) zu verstehen versucht, vermag man nicht zu ermessen, welche Rolle diese Verhaltensstereotypien im Alltagsleben wie in der Pathogenese spielen und mit welcher Zähigkeit sie vom Individuum verteidigt werden.
2. Bezog sich die erste Front affektiver Widerstände auf die Erweiterung der Selbstkontrolle, besonders in jenen ärztlichen Handlungen, welche den emotional-irrationalen Wünschen des Patienten genügen wollen, so verläuft die zweite Front scheinbar ganz im rationalen Bereich. Die Lehre von der Körperkrankheit und ihrer Therapie auf materieller Ebene soll jetzt relativiert werden. Vereinfacht ließe sich das so formulieren: Pathologische Funktionsbefunde verweisen nicht auf Organgeschehen zurück, sondern über dieses hinaus; sie sind Anzeichen von Störungen im Erlebnisbereich. Zu ihrer Einordnung bedürfen wir einer breiteren medizinischen Anthropologie. »Stimmung«, »Umstimmung«, »Verstimmung« entstehen sowohl psychosomatisch wie somatopsychisch, auch wenn wir einräumen müssen, daß wir die Einflußkraft und Streuungsbreite seelischer Gestimmtheit, die aus dem Erleben erwächst (d. h. die

pathologischen psychosomatischen Vorgänge) vorerst nur ungenau kennen. Der organischen Funktionspathologie wäre dazu eine psychische Einstellungspathologie (nämlich des Individuums zu seiner sozialen Mitwelt) beizuordnen, um die objektiv meßbaren Leistungsstörungen als Korrelate von pathogenetisch wirksamen psychischen Prozessen zu verstehen.
Dieses Konzept psychosomatischer Dynamik zieht eine veränderte Krankenbehandlung nach sich. Wenn die Dynamik – solange nicht irreversible Störungen eingetreten sind – aus der Erlebnisweise des Kranken herrührt, werden wir die Therapie, wie im letzten Kapitel dargestellt, primär und kausal an den Erlebnisstörungen auszurichten versuchen. An die Stelle der Betonung der Somatotherapie tritt die der *Anthropotherapie*. Damit gewinnt aber die soziale Lebenswelt des Kranken – und naturgemäß auch die, in welcher er während der klinischen Therapie lebt – eine grundlegend neue Bedeutung. Was verlangt wird, ist nicht eine gefühlsmäßige Alltagspsychologie im Umgang mit dem Kranken, sondern eine ebensolche Verfeinerung der Beobachtungsmethoden für die psychosozialen Erlebnisverflechtungen, wie sie im Lauf der Zeit im Hinblick auf die Organleistungen erreicht worden ist.
Die Relativierung der klinischen Befunde auf die Lebenswirklichkeit wird jenem Arzt unstatthaft, zumindest unnötig erscheinen, der sich auf die immer mehr sich verfeinernden diagnostischenMöglichkeiten der klinischen Untersuchungen und auf die breite Skala medikamentöser, physikalischer oder operativer Therapie beruft. Es wurde bereits gesagt, daß diese Form der Körpermedizin die Morbidität nicht einzudämmen vermochte, vielmehr im Gesamtzusammenhang der technischen Fortschritte nur zu einer Veränderung der Erkrankungshäufigkeiten beitrug. Die vielgestaltigen funktionellen Syndrome, welche heute wenigstens die Hälfte der Gesamtmorbidität ausmachen, fordern eine psychosomatisch orientierte Anthropotherapie. Nur unter diesem Blickpunkt ist kausale Behandlung überhaupt möglich. Gleichwohl setzt die große Majorität der Ärzte weiterhin auf die somatische Therapie mit materiellen Mitteln, auf die Fortschritte der Biochemie und ähnlicher Wissenschaften. Die Methode der seelischen Beeinflussung körperlicher Leiden scheint ihr zweitrangig und auch »zweitklassig«, weil nicht mit den unveränderten Kontrollmethoden der expe-

rimentellen Naturwissenschaft nachprüfbar. Meinung steht gegen Meinung – aber nicht Erfahrung gegen Erfahrung; denn von den Methoden und Theorien der Soziologie und Psychologie pflegt der klassisch erzogene Arzt nichts oder nur Ungenaues zu wissen. Hier endet gewöhnlich seine rationale Kritik in affektiver Urteilsbegründung; oder er beläßt es bei einer Spaltung seiner Meinungen: als Naturwissenschaftler fordert er Beweise, mit der Psychoanalyse konfrontiert, ist er bereit zu glauben. Den Versuch, die beiden ärztlichen Wissensbereiche miteinander zu verbinden, wagt er nicht.

3. In unserer zu höchster Arbeits- und Funktionsteilung gelangten Gesellschaft geschieht ärztliche Leistung fast nur noch in Überschneidung mit anderen Leistungen. Der Arzt verschreibt kaum noch die eigenen Heilmittelmischungen, die Industrie stellt ihm hochkomplizierte Drogen konfektioniert bereit. Der Kranke bezahlt die ärztliche Leistung nicht selbst, sondern seine Kasse. Das Honorarpauschale macht die Ärzte kollektiv von der Institution der Kassen wirtschaftlich abhängig. Der Arzt des Krankenhauses ist ein Angestellter eines Verwaltungsapparates. Die unmittelbare Beziehung Arzt-Patient ist also vielfach eingeengt von Verpflichtungen und Abhängigkeiten, die nichts mit der Heilungsaufgabe zu tun haben, aber durch die Struktur unserer Gesellschaft unausweichlich geworden sind.

Hier verfolgen wir die dritte Frontlinie gegen eine Revision der ärztlichen Konzepte. Selbst wenn der Arzt sich zu einer neuen Interpretation des Krankheitsgeschehens verstünde und neue psychotherapeutische Heilmethoden zur Anwendung bringen wollte, sieht er sich unermeßlichen Widerständen gegenüber. Nicht nur unsere medizinischen Schulen, auch unsere gesamte soziale Krankenversorgung ist auf dem Konzept der Krankheit als biologisch fundierter Organkrankheit aufgebaut. Und schließlich: dieses Konzept beherrscht fast vollständig die Vorstellungen der Öffentlichkeit.

Methoden der seelischen Krankenbehandlung sind nicht »kassenüblich« oder werden heute in einer Weise honoriert, die in keinem vernünftigen Verhältnis zum ärztlichen Arbeitsaufwand steht. Wie eine Klinik aussehen müßte, an der angesichts eines jeden Kranken systematisch psychosomatisch *gedacht und gehandelt* wird, wissen wir noch gar nicht, weil es diese Klinik nicht gibt. Das hängt weniger mit der Einsichtsbereitschaft der Ärzte zusammen, als vielmehr damit, daß durch eine Veränderung im Krankheits- und Therapiekonzept mit Sicherheit auch an den Machtpositionen und Pfründen Veränderungen eintreten würden. Bei der funktionellen Verflochtenheit ärztlicher Arbeit mit zahlreichen Einrichtungen der Gesellschaft muß demnach die Aufklärung über eine Revision des Krankheitskonzeptes in all diesen Institutionen erreicht werden, soll man zum Ziel kommen.

Gerade die wechselseitige Abhängigkeit der Leistungsbereiche ist etwas, das der Soziologe klar sehen, der Arzt sich weniger gerne eingestehen wird, denn hier hat sich ein seit langem schwelender, weit ausgreifender Konflikt mit seinem beruflichen Eigenbild als einem freien Beruf entwickelt. Es ist klar, daß man mit »freier Arztwahl« nur noch eine unter dem Freiheitsminimum eines freien Berufes liegende Selbständigkeit verteidigt. Der Arzt müßte auch *freier handeln* können – sachlich und wirtschaftlich –, um sein überliefertes Berufsethos mit den gegebenen Verhältnissen in Einklang bringen zu können.

An dieser Stelle wird nun die soziologische Problematik des ärztlichen Berufes wahrhaft brennend. Zuerst geht es um ein Entweder-Oder, bei dem es von ärztlicher Seite keine Konzessionen geben kann, nämlich um die Frage: muß sich das Berufsethos den gegebenen sozialen Bedingungen anpassen – oder müssen die sozialen Einrichtungen der fortschreitenden ärztlichen Erkenntnis angepaßt werden? Das ärztliche Berufsethos ist ein Leitbild; aber Leitbilder sind nutzlos, wenn sie nicht in den Zusammenhang mit der faktischen gesellschaftlichen Lebenswirklichkeit gebracht werden und auf deren Gestaltung Einfluß gewinnen. Wir wissen, wie die Erkenntnisse der naturwissenschaftlichen Medizin an der Gestaltung der gegenwärtigen Lebensverhältnisse mächtigen Anteil genommen haben; weit undurchsichtiger ist, wie der technische Fortschritt den Arzt in einer bisher unbekannten Weise institutionell abhängig macht – vielleicht so sehr, daß seine Handlungsfreiheit an allen Enden empfindlich eingeengt wird.

Hier hat Schelsky[3] den Sachverhalt richtig gesehen: »Der epochale Umbruch unserer Sozialverfassung ... zwingt alle in

3 H. Schelsky, l. c.

dieser Gesellschaft irgendwie Tätigen zu neuen sozialen Selbstdeutungen und Selbstverständnissen ihrer Handlungen.« Und sicher hat er auch darin recht, daß von den »zwei Arten geistiger Reaktionen gegenüber der Technisierung« im ärztlichen Bereich »die zeitkritische Revolte nach rückwärts«, die »anpassungsbemühte Neuorientierung nach vorwärts« überwiegt, und daß man sich aus der Widrigkeit des Massenbetriebes in der Sprechstunde und der Klinik, aus dem Ärger über Honorarkürzungen durch die Kassen oder die unzureichenden Gehälter in den Krankenanstalten in die Traumlandschaft eines Berufsprototyps vergangener Epochen flüchtet, der »so nie bestanden hat«.

Aber was ist »anpassungsbemühte Neuorientierung«? Schelsky selbst erkennt ihre Schwäche darin, »nur Anpassung« zu sein, hinzunehmen, sich den Gegebenheiten zu unterwerfen, »ohne sich viel um ihre normative, berufsethische Gestaltung zu kümmern«. Diese Form der Anpassung scheint um nichts besser als die reaktionäre Flucht zum alten »Onkel Doktor« – sie ist die Anpassung, die zu den unvergessenen Verbrechen der Ärzte geführt hat. Es ist aber Schelsky nachdrücklich zu widersprechen, wenn er die neuen Formen, in denen eine Arzt-Patient-Beziehung gesucht wird, zur »zeitkritischen«, also romantisch-unrealistischen »Reaktion des ärztlichen Selbstverständnisses« rechnet. Hier liegt eine gründliche soziologische Fehleinstellung zur ärztlichen Tätigkeit vor. Die Sozialfunktion des Arztes ist die eines *unmittelbaren zwischenmenschlichen Bezuges*, freilich in stets eigentümlicher Rollengeprägtheit. Der psychosomatisch und psychosozial denkende Arzt kann nicht mehr in die vergehende Rolle des intuitiv handelnden Heilers zurückschlüpfen; es wird von ihm in seiner neuen Rolle wissenschaftlich prüfbare Methodik und Selbstkritik gerade dort gefordert, wo sich der Arzt der vortechnischen Ära und der naturwissenschaftlich orientierte ihrer Irrationalität überlassen durften. Gerade darin hat sich die ärztliche Rolle geändert – nicht aber darin, daß der Anspruch auf ein autonomes Territorium freier zwischenmenschlicher Äußerung zurückzunehmen wäre. Wo, wie oben dargestellt wurde, die Institutionen der »industriell-rational-wissenschaftlichen Gesellschaft« in diesen Bereich eindringen, ihn kontrollieren und dirigieren wollen, da kann es keine Anpassungsbemühung geben, sondern nur den entschiedenen Widerstand, der seinerseits die Gesellschaft zwingen soll, sich einer *zeitüberlegenen*, für jeden ärztlichen Stil gültigen sozialen Verpflichtung anzupassen.

Wenn die Soziologie hier die bestehenden Verhältnisse einfach als Voraussetzungen darstellt, an die sich das »berufsethische Anliegen« quasi realitätsgerecht anzupassen habe, dann muß der Arzt *diese* tranquillierende Soziologie zurückweisen – nicht aber die Soziologie überhaupt. Schelsky ist deshalb darin vollauf zuzustimmen, daß die gängigen »unrealistischen Vorstellungen über die sozialen Zusammenhänge und die sozial- und wissenschaftsgeschichtliche Entwicklung des eigenen Berufes« einer Selbstbesinnung unter Mithilfe der Ergebnisse soziologischer Forschung bedürfen. Doch führt auch in diesem Punkt seine soziologisch die gegebene Sozialstruktur sanktionierende Analyse zu fragwürdigen Schlüssen, so wenn er davor warnt zu ignorieren, »daß heute ein wichtiger Teil aller ärztlichen Leistungen in Krankenhäusern und großen Kliniken mit den in ihnen notwendigen institutionellen Sozialbeziehungen und technischen Spezialisierungen vor sich geht«. Natürlich schafft das Krankenhaus, insbesondere eines, auf das Schelskys Formulierung von der »großorganisatorischen Superstruktur« zutrifft, für den Arzt neue institutionelle Sozialbeziehungen; man fragt sich jedoch, verfolgt man die Darlegungen des Autors weiter, ob er mit diesen »notwendigen« Sozialbeziehungen nicht die *bestehenden* deckt. Zwar sieht er dankenswert scharf den Prozeß der »Motiventhüllung des sozialen Handelns«, der ein »naives Motivbewußtsein« nicht mehr hinnimmt; es ist aber die Frage, ob innerhalb dieses Vorganges das »berufsethische Leitbild des alten Arztes« – das kann doch nur heißen: seine Unmittelbarkeit zum Patienten und seine Handlungsfreiheit in dieser Unmittelbarkeit – als eine »romantisch idyllische Unwirklichkeit« zum Scheitern verdammt wird. Daß der Arzt heute, rebus sic stantibus, häufig scheitern muß, wurde soeben angedeutet; auch warum er sich diese quälende Resignation bereits vorbewußt zu ersparen sucht, indem er sich – worüber man immerhin erstaunt sein kann – ziemlich willfährig den neuen, seine Handlungsfreiheit einkreisenden Sozialmächten unterwirft und anpaßt. Doch damit ist gerade unter sozialer, gesamtgesellschaftlicher Perspektive eine *schlechte* Anpassung vollzogen.

Es ist in diesem Zusammenhang auf soziologische Untersuchungen zu verweisen (sie stellen sowohl Beiträge zur *sociology in medicine* wie zur *sociology of medicine* dar), die charakteristischerweise mit einem ganz bestimmten Krankenhaustyp angestellt wurden: der psychiatrischen Klinik. Sie ist in mancher Hinsicht interessant. Ihre Kranken sind nicht mit dem gleichen Erfolg somatotherapeutisch kurierbar wie viele andere Krankentypen. Deshalb ist die Verweildauer des Kranken in der Klinik bzw. Heilanstalt häufig ungleich länger als im Krankenhaus. Die Struktur der Anstalt wird also zum neuen Lebensmilieu des Patienten. Auf die Vielfältigkeit der Verknüpfung von wissenschaftlichem Krankheitsbegriff mit (großteils unbewußt wirksamen) sozialen Einstellungen und Vorurteilen im Umgang mit Geisteskranken wurde im ersten Band dieser Studien[4] hingewiesen. Stanton und Schwartz[5] haben in einer sorgfältigen Analyse der Umwelt der Kranken in einer Anstalt gezeigt, wie die Beziehungen der Patienten untereinander, zu dem Pflegepersonal und den Ärzten, aber auch die Haltung dieser den Kranken gegenüber sich im Verlauf der psychotischen Erkrankung – verhängnisvoll oder günstig – widerspiegeln, so daß der »Prozeß« solcher Krankheit keineswegs als unbeeinflußt von den zwischenmenschlichen Lebensbedingungen verstanden werden sollte. Eine Reihe weiterer wichtiger Studien sind seither gefolgt, fast ausschließlich aus dem angelsächsischen Bereich. H. St. Sullivan hat deshalb nach einer Auflösung der »Mesalliance« zwischen Neurologie und Psychiatrie und einer Verbindung zwischen dieser und der Soziologie verlangt. William Caudill[6], ein Sozialanthropologe, hat monatelang eine kleine psychiatrische Universitätsklinik in ihren verschiedenen sozialen Ebenen und die oft in sich konfliktreichen Aufgaben der einzelnen »Rollengruppen« untersucht. So beschreibt er beispielsweise die Schwierigkeiten, die aus dem im Krankenhaus üblichen System »mehrfacher Unterordnung« entspringen, etwa daß der Stationsarzt zu einem Patienten ein

4 *Über die Vielschichtigkeit sozialer Einflüsse auf Entstehung und Behandlung von Psychosen und Neurosen.* In: A. Mitscherlich, *Krankheit als Konflikt I*, edition suhrkamp Bd. 164, 1966.

5 A. Stanton u. M. S. Schwartz: *The Mental Hospital. A Study of Institutional Participation in the Treatment of Psychiatric Illness.* London 1954.

6 W. Caudill: *The Psychiatric Hospital as a Small Society.* Cambridge, Mass. 1958.

therapeutisches Verhältnis anstrebt, zu dessen Stabilisierung es notwendig ist, die bestehende Krankenhausordnung zu modifizieren. Das bringt Schwierigkeiten im Umgang mit anderen Kranken mit sich. Versucht man diese nicht im konservativen Sinn sondern progressiv zu lösen, so kommt es dahin, daß sich die Stationsschwester mit dem Oberarzt verbündet und die Bestrebungen des Stationsarztes vereitelt, wodurch dessen Hilfeversuch für seinen Patienten zum Scheitern gebracht wird. Solche Allianz freilich ist nicht auf angelsächsische Krankenanstalten beschränkt.

Ein Beispiel wie dieses läßt sich mühelos auf die Verhältnisse auch nicht-psychiatrischer Krankenhäuser übertragen. Es zeigt die faktische Macht der institutionellen Sozialbeziehungen, aber auch ihre Unvollkommenheit und oft Schädlichkeit für das Wohl der Kranken. Die Aufgabe des Soziologen kann sich nicht darin erschöpfen, generell dem Arzt klarzumachen, wie abhängig er in unserer Gesellschaft von Superstrukturen geworden ist (z. B. auch von der Werbung der pharmazeutischen Industrie); das bliebe allzu propädeutisch. Seine *konstruktive* Aufgabe wäre vielmehr darin zu sehen, durch die Analyse der gegebenen Institutionen zu zeigen, wie diese vernünftig zu ändern sind, so daß sie der Unmittelbarkeit der Arzt-Patient-Beziehung dienten statt sie zu schmälern oder zu vernichten. Schelsky bemerkt treffend, daß »Gesundheit heute primär ein Sozialprodukt, eine auf sozialen Verhaltensmustern beruhende Selbstführung und -gestaltung« ist und vice versa sich daraus eine Konzeption von »Krankheit als eines Sozialprozesses« ableiten lasse. Darin spricht er, quasi naiv, weil für den Soziologen evident, etwas aus, das den meisten Ärzten revolutionär klingen muß.

Führt man den Gedanken weiter in der Analyse der Krankenanstalt, so fällt dieser notwendig die Rolle einer »moralischen Anstalt« im Sinne der Schillerschen Definition zu; ihr Zweck als Dienerin der Therapie wäre, »den Menschen mit dem Menschen bekannt zu machen und das geheime Räderwerk aufzudecken, nach welchem er handelt«. Das wird sie freilich nur können, wenn die in dieser Institution Tätigen selbst wünschen, mit sich und der faktischen Wirksamkeit ihrer Rolle vertraut zu werden. Es wird sich also nicht nur um den Abbau der »autoritativen Vertrautheitsselbsttäuschung der Betriebs- und

Organisationsleitungen« handeln können, auf die Schelsky so nachdrücklich verweist, sondern der Selbsttäuschungen aller in der Institution Tätigen, die dort ihrerseits jetzt als wesentliche neue Aufgabe den Abbau der Selbsttäuschungen der Kranken zu übernehmen haben. Caudills Erhebungen und Schlüsse lassen sich dahin verallgemeinern, daß nicht nur die psychiatrischen Kliniken der Zukunft sehr andersartig als die gegenwärtigen strukturiert sein werden[7], sondern alle Kliniken. Er hebt die historischen Bedingungen ihrer Verfassung hervor. Unter ihnen entdeckt man eine soziologische, deren Überwindung noch große Realwiderstände entgegenstehen. Unsere Kliniken sind von einem patriarchalischen Herrschaftsgeist durchdrungen, der trotz allem nötigen Respekt vor der Vergangenheit geradezu anachronistisch ist. Wer die Macht von Traditionen der Machtverteilung studieren will – hier bietet sich ihm eine Gelegenheit; denn die »neue Generation« akademischer Lehrer und Klinikleiter ist nahezu mit der gleichen Unbefangenheit autoritär und sich ihrer Privilegien bewußt wie jene alte, nach deren Abtreten Optimisten eine Änderung der Verhältnisse prophezeit haben. Vorerst überwiegen die Scheinreformen, nicht die Strukturveränderungen.

Die soziologische Feldforschung mit ihrer Methode des »teilnehmenden Beobachters« (etwa eines anonym als Patient auftretenden Untersuchers) hat hier schon in den angeführten und ähnlichen Untersuchungen höchst beunruhigendes Material zum Vorschein gebracht. Diese Studien sind insofern wichtig, als sie die subjektiven Erfahrungen, die jeder in der Klinik Tätige mehr oder weniger klar sich zum Bewußtsein bringt, nun in wissenschaftlich objektiver Weise verdichten; und nur so können diese Erfahrungen nutzbar gemacht werden. Hier ist *sociology of medicine* von eminenter Bedeutung, denn Institutionen, an deren Geschichte sich der Ruhm geheftet hat, bringen in den großen geschichtlichen Krisen gemeinhin nicht die Kraft auf, sich aus eigenem Antrieb zu reformieren.

Müssen Reformbestrebungen wie die hier angedeuteten als utopisch angesehen werden? Wenn man nur die lastende Bau-

7 Hier sei auf einen neuen Ansatz zur Gestaltung eines psychiatrisch-klinischen und Rehabilitationszentrums verwiesen: H. Häfner u. Mitarb.: *Dringliche Reformen in der Krankenversorgung der Bundesrepublik*, in: *Helfen und Heilen*, 1965, Heft 415.

masse der Institutionen betrachtet, wird man wahrscheinlich zu diesem Urteil kommen. Aber auch die mächtigsten Einrichtungen der Gesellschaft sind nicht immun gegen geschichtliche Wandlungen. Ihre Achillesferse im gegenwärtigen Augenblick ist die erwähnte Naivität ihres Motivbewußtseins. Man verfährt in ihnen mit dem stillschweigend vorausgesetzten Denkmodell (organische Krankheit – apparative oder medikamentöse Therapie) so, als ob es einen anderen Weg zur Lösung der gestellten Aufgabe nicht gäbe. Nach mehr als einem halben Jahrhundert der Beobachtung und Forschung sind jedoch die neuen, hier mit dem Schlagwort *anthropotherapeutisch* bezeichneten Konzepte nicht mehr aus dem Bewußtsein des Zeitalters zu löschen; sie werden ihre Form der unvermeidlichen Institutionalisierung finden und im geschichtlichen Prozeß die alten Formen überlagern.

Auf dem Ersten Deutschen Krankenhaustag in Köln, auf dem Schelsky das hier zitierte Referat hielt, wurde *Ein Wort der Krankenhäuser an die Öffentlichkeit* verlesen. In diesem heißt es, daß in der Bundesrepublik mindestens 30 000 Krankenbetten fehlen. Sollen diese neuen Krankenhäuser nach altem oder neuem Muster gebaut werden? Sollen nur ihre Fenster breiter, ihre Aufzüge schneller, ihre Apparaturen perfekter werden? Soll das Konzept von Krankheit dabei das gleiche bleiben, und auch der innere Aufbau, die soziale Eigenstruktur? Wird man lediglich 30 000 zu 537 000 schon vorhandenen Betten hinzufügen? Oder wird man prinzipiell experimentieren? Zum Beispiel Kliniken bauen, deren größte Spezialeinheiten vierzig Betten nicht übersteigen, die Höchstzahl von Kranken, die ein leitender Arzt bei der Differenzierung der heutigen Heilkunde tatsächlich noch übersehen und mit Assistenz behandeln kann? Wird man solche Kliniken nach dem Prinzip nachbarlich integrierter Leistungsgruppen planen, statt nach dem Prototyp des Fließbandes oder der Förderstraße? Wird man Budgetausschüsse und Parlamente davon überzeugen können, daß man nur mit solchen Versuchen sich in der Richtung einer wirkungsvollen Gesundheitspolitik und Prophylaxe vortasten kann? Oder werden die Regierungen, vielleicht sogar die Universitäten, die Initiative ergreifen und die heillos überbürdeten Klinikleiter von der Last ihrer klinischen Mammute mit allem ihnen innewohnenden Verwaltungsballast befreien und so auf eine innere Neustrukturierung drängen zum Segen ungestörter klinischer Arbeit und Forschung, zum Segen des ärztlichen Nachwuchses und des Pflegepersonals – zum Segen des Patienten? Das bedeutete nicht zuletzt, daß Selbstüberwindung und Selbstkontrolle über unaufgeklärtes autoritäres Machtstreben und überholte Vorstellungen von Sozialprestige, Macht- und Honoraranspruch siegten. Das wird geschehen – früher oder später. Gütlich, so ist zu fürchten, kaum. Darin liegt freilich viel individuelles und allgemeingesellschaftliches Geschick beschlossen. Auf diesem Weg werden Medizin und Sozialwissenschaften einander viel zu sagen haben.

Nachweise

Der Inhalt dieses Buches stützt sich auf die Thematik der folgenden Veröffentlichungen:

Der psychologische Zugang zur Krankheit
In: Die Medizinische Klinik 58 (1958), S. 766

Ein psychosomatisches Modell. Schritte der Forschung
Erstveröffentlichung

Bedingungen der Chronifizierung psychosomatischer Krankheiten. Die zweiphasige Abwehr
Erstveröffentlichung

Repetition I: Psychoanalytische Anmerkungen zur psychosomatischen Krankheitsentstehung
Psychosomatik vom Standpunkt der Psychoanalyse. In: Die Medizinische Klinik 49 (1954), S. 1789, und *Zur psychoanalytischen Auffassung psychosomatischer Krankheitsentstehung.* In: Psyche 7 (1953/54), S. 561

Repetition II: Anmerkungen zum Ulcusleiden und zum Begriff der Übertragung
Neuere pathogenetische Fragestellungen in der psychosomatischen Klinik. In: Die Medizinische Klinik 53 (1958), S. 165

Repetition III: Zusätzliche Gedanken über die Chronifizierung psychosomatischer Krankheiten
Anmerkungen über die Chronifizierung psychosomatischen Geschehens. In: Psyche 15 (1961/62), S. 1

Über die Behandlung psychosomatischer Krankheiten
Über die Behandlung psychosomatischer Krankheiten. In: Psyche 18 (1964/65), S. 643

Soziologische und psychoanalytische Forschung als natürliche Verbündete
Soziologisches Denken in der Medizin. Anmerkungen zur Kritik ihrer Institutionen. In: Der Deutsche Arzt 8 (1958), S. 459

Inhalt

edition suhrkamp

429 Plötzlich brach der Schulrat in Tränen aus
666 Gilles Deleuze / Claire Parnet, Dialoge
809 G. Heinsohn / B. M. C. Knieper, Spielpädagogik
810 Mario Cogoy, Wertstruktur und Preisstruktur
811 Ror Wolf, Auf der Suche nach Doktor Q.
812 Oskar Negt, Keine Demokratie ohne Sozialismus
813 Bachrach/Baratz, Macht und Armut
814 Bloch/Braudel/L. Febvre u. a., Schrift und Materie der Geschichte
815 Giselher Rüpke, Schwangerschaftsabbruch und Grundgesetz
816 Rainer Zoll, Der Doppelcharakter der Gewerkschaften
817 Bertolt Brecht, Drei Lehrstücke: Badener Lehrstück, Rundköpfe, Ausnahme und Regel
818 Gustav Landauer, Erkenntnis und Befreiung
819 Alexander Kluge, Neue Geschichten. Hefte 1-18
820 Wolfgang Abendroth, Ein Leben in der Arbeiterbewegung
821 Otto Kirchheimer, Von der Weimarer Demokratie zum Faschismus
822 Verfassung, Verfassungsgerichtsbarkeit, Politik. Herausgegeben von Mehdi Tohidipur
823 Rossana Rossanda / Lucio Magri u. a., Der lange Marsch durch die Krise
824 Altvater/Basso/Mattick/Offe u. a., Rahmenbedingungen und Schranken staatlichen Handelns
825 Diskussion der ›Theorie der Avantgarde‹. Herausgegeben von W. Martin Lüdke
826 Fischer-Seidel, James Joyces »Ulysses«
827 Gesellschaft, Beiträge zur Marxschen Theorie 7
828 Rolf Knieper, Weltmarkt, Wirtschaftsrecht und Nationalstaat
829 Michael Müller, Die Verdrängung des Ornaments
830 Manuela du Bois-Reymond, Verkehrsformen zwischen Elternhaus und Schule
831 Henri Lefebvre, Einführung in die Modernität
832 Herbert Claas, Die politische Ästhetik Bertolt Brechts vom Baal zum Caesar
833 Peter Weiss, Dramen I
834 Friedensanalysen 2
835-838 Bertolt Brecht, Gedichte in 4 Bänden
839 Géza Róheim, Psychoanalyse und Anthropologie
840 Aus der Zeit der Verzweiflung. Beiträge von Becker/Bovenschen/Brackert u. a.
841 Fernando H. Cardoso/Enzo Faletto, Abhängigkeit und Entwicklung in Lateinamerika
842 Alexander Herzen, Die gescheiterte Revolution
844 Otthein Rammstedt, Soziale Bewegung
845 Ror Wolf, Die Gefährlichkeit der großen Ebene
847 Friedensanalysen 3

848 Dieter Wellershoff, Die Auflösung des Kunstbegriffs
849 Samuel Beckett, Glückliche Tage
850 Basil Bernstein, Beiträge zu einer Theorie
851 Hobsbawm/Napolitano, Auf dem Weg zum ›historischen Kompromiß‹
852 Über Max Frisch II
853 Brecht-Jahrbuch 1976
854 Julius Fučík, Reportage unter dem Strang geschrieben
856 Dieter Senghaas, Weltwirtschaftsordnung und Entwicklung
857 Peter V. Zima, Kritik der Literatursoziologie
858 Silvio Blatter, Genormte Tage, verschüttete Zeit
859 Russell Jacoby, Soziale Amnesie
860 Gombrich/Hochberg/Black, Kunst, Wahrnehmung, Wirklichkeit
861 Blanke/Offe/Ronge u.a., Bürgerlicher Staat und politische Legitimation. Herausgegeben von Rolf Ebbighausen
863 Gesellschaft, Beiträge zur Marxschen Theorie 8/9
864 Über Wolfgang Koeppen. Herausgegeben von Ulrich Greiner
865 Gesellschaft 12
866 Fichant/Pêcheux, Überlegungen zur Wissenschaftsgeschichte
867 Ernst Kris, Die ästhetische Illusion
868 Brede/Dietrich/Kohaupt, Politische Ökonomie des Bodens
870 Umwälzung einer Gesellschaft. Herausgegeben von Richard Lorenz
871 Friedensanalysen 4
872 Piven/Cloward, Regulierung der Armut
873 Produktion, Arbeit, Sozialisation. Herausgegeben von Th. Leithäuser und W. R. Heinz
874 Max Frisch/Hartmut von Hentig, Zwei Reden zum Friedenspreis des Deutschen Buchhandels 1976
875 Eike Hennig, Bürgerliche Gesellschaft und Faschismus in Deutschland
876 Bolius, Erziehungsroman
877 Starnberger Studien 1
878 Leithäuser/Volmerg/Wutka, Entwurf zu einer Empirie
879 Peter Bürger, Aktualität und Geschichtlichkeit
880 Tilmann Moser, Verstehen, Urteilen, Verurteilen
881 Loch/Kernberg u. a., Psychoanalyse im Wandel
882 Michael T. Siegert, Strukturbedingungen von Familienkonflikten
883 Erwin Piscator, Theater der Auseinandersetzung
884 Politik der Subjektivität. Texte der italienischen Frauenbewegung, Herausgegeben von Michaela Wunderle
885 Hans Dieter Zimmermann, Vom Nutzen der Literatur
886 Gesellschaft, Beiträge zur Marxschen Theorie 10
887 Über Hans Mayer, Herausgegeben von Inge Jens
888 Nicos Poulantzas, Die Krise der Diktaturen
889 Alexander Weiß, Bericht aus der Klinik
890 Bergk/Ewald/Fichte u. a., Aufklärung und Gedankenfreiheit. Herausgegeben und eingeleitet von Zwi Batscha

891 Friedensanalysen 5
892 Franz L. Neumann, Wirtschaft, Staat, Demokratie
893 Georges Politzer, Kritik der Grundlagen der Psychologie
895 Umberto Eco, Zeichen. Einführung in einen Begriff und seine Geschichte
897 Ralph-Rainer Wuthenow, Muse, Maske, Meduse
898 Cohen/Taylor, Ausbruchversuche. Identität und Widerstand
901 Der bürgerliche Rechtsstaat. Herausgegeben von Mehdi Tohidipur
902 Ernest Borneman, Psychoanalyse des Geldes
903 Steven Marcus, Umkehrung der Moral
904 Alfred Sohn-Rethel, Warenform und Denkform
905 Beiträge zur Soziologie der Gewerkschaften. Hrsg. von Joachim Bergmann
906 Brecht-Jahrbuch 1977
907 Horst Kern, Michael Schumann, Industriearbeit und Arbeiterbewußtsein
908 Julian Przybós, Werkzeug aus Licht
910 Peter Weiss, Stücke II
913 Martin Walser, Das Sauspiel mit Materialien. Herausgegeben von Werner Brändle
916 Dürkop/Hardtmann (Hrsg.), Frauen im Gefängnis
917 Bowles S./Gintis H., Pädagogik und die Widersprüche der Ökonomie
918 Klaus-Martin Groth, Die Krise der Staatsfinanzen
920 Tagträume vom aufrechten Gang. Sechs Interviews mit Ernst Bloch, Herausgegeben von Arno Münster
921 Silvia Bovenschen, Die imaginierte Weiblichkeit
922 Anderson, Von der Antike zum Feudalismus
923 Sozialdemokratische Arbeiterbewegung, Band 1, Herausgegeben von Wolfgang Luthardt
925 Friedensanalysen 6
927 Ausgewählte Gedichte Brechts, Herausgegeben von Walter Hinck
928 Betty Nance Weber, Brechts ›Kreidekreis‹
929 Auf Anregung Bertolt Brechts: Lehrstücke. Herausgegeben von Reiner Steinweg
930 Walter Benjamin, Briefe 1 und 2. Herausgegeben von Gershom Scholem und Theodor W. Adorno
932 Jugendarbeitslosigkeit. Herausgegeben von Gero Lenhardt
933 Ute Gerhard, Verhältnisse und Verhinderungen
934 Sozialdemokratische Arbeiterbewegung, Band 2, Herausgegeben von Wolfgang Luthardt
935 Literatur ist Utopie. Herausgegeben von Gert Ueding
936 Berger/Heßler/Kavemann, Brot für heute, Hunger für morgen
937 Labrousse, Lefebvre, Soboul u. a. Geburt der bürgerlichen Gesellschaft 1789. Herausgegeben von I. A. Hartig
938 Habermas, Bovenschen u. a., Gespräche mit Marcuse
939 Thomas Brasch, Rotter Und weiter
940 Simone Weil, Fabriktagebuch
941 Ute Volmerg, Identität und Arbeitserfahrung

942 Klaus Eßer, Lateinamerika
943 Gewerkschaften und Strafvollzug, Hrsg. v. Lüderssen u. a.
944 Alexander von Brünneck, Politische Justiz
945 Jacques Derrida, Die Stimme und das Phänomen
948 Thompson/Caspard/Puls; Alltagspraxis, Wahrnehmungsformen, Protestverhalten
949 Julia Kristeva, Die Revolution der poetischen Sprache
950 Perry Anderson, Die Entstehung des absolutistischen Staates
951 Grundrechte als Fundament der Demokratie, hrsg. von Joachim Perels
954 Elias/Lepenies, Zwei Reden. Theodor W. Adorno-Preis 1977
955 Friedensanalysen 7
956 Brecht-Jahrbuch 1978. Hrsg. Fuegi/Grimm/Hermand
957 Gesellschaft, Beiträge zur Marxschen Theorie 11
958 Friedensanalysen 8
959 Martin Walser, Wer ist ein Schriftsteller?
960 Albert Soboul, Französische Revolution und Volksbewegung
962 Bettelheim/Mészarós/Rossanda u. a., Zurückforderung der Zukunft
963 Starnberger Studien 2
964 Nach dem Protest. Literatur im Umbruch. Herausgegeben von W. Martin Lüdke
966 Kern, Kampf um Arbeitsbedingungen
967 Michail M. Bachtin, Die Ästhetik des Wortes, hrsg. von Rainer Grübel
968 Frauen, die pfeifen. Herausgegeben von R. Geiger, H. Holinka, C. Rosenkranz, S. Weigel
969 Ernst Bloch, Die Lehren von der Materie
970 Giuliano Scabia, Das große Theater des Marco Cavallo
971 Siegfried Kracauer, Jacques Offenbach
974 Jirí Kosta, Abriß der sozialökonomischen Entwicklung der Tschechoslowakei 1945-1977
975 Nathan, Ideologie, Sexualität und Neurose
976 Bernd Jürgen Warneken, Literarische Produktion
978 Klaus Mäding, Strafrecht und Massenerziehung in der VR China
979 Bertolt Brecht, Tagebücher 1920-1922
981 Jeanne Favret-Saada, Die Wörter, der Zauber, der Tod
983 Bassam Tibi, Internationale Politik und Entwicklungsländer-Forschung
984 Dieter Kühn, Löwenmusik
985 Agnes Schoch, Vorarbeiten zu einer pädagogischen Kommunikationstheorie
987 Augusto Boal, Theater der Unterdrückten
989 Brecht-Jahrbuch 1979
991 Ruggiero Romano u. a., Die Gleichzeitigkeit des Ungleichzeitigen
992 Naturalismus/Ästhetizismus. Herausgegeben von Bürger/Schutte-Sasse
993 Ginette Raimbault, Kinder sprechen vom Tod
996 Starnberger Studien 3
1000 Stichworte zur ›Geistigen Situation der Zeit‹ 1. Band, Nation und Republik; 2. Band, Politik und Kultur. Herausgegeben von Jürgen Habermas.

Alphabetisches Verzeichnis der edition suhrkamp